地理标志保护发展报告
✦ (2021年度) ✦

Report on Development of
Geographical Indications Protection
(2021)

国家知识产权局知识产权保护司　指导
知识产权出版社有限责任公司　编写

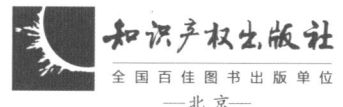
—北京—

图书在版编目（CIP）数据

地理标志保护发展报告.2021年度/国家知识产权局知识产权保护司指导；知识产权出版社有限责任公司编写.—北京：知识产权出版社，2023.6
ISBN 978-7-5130-8780-3

Ⅰ.①地… Ⅱ.①国… ②知… Ⅲ.①地理—标志—保护—研究报告—中国—2021 Ⅳ.①D923.434

中国国家版本馆CIP数据核字（2023）第096833号

责任编辑：王小玲　　　　　　　　　　　责任校对：潘凤越
封面设计：智兴设计室·张国仓　　　　　责任印制：刘译文

地理标志保护发展报告（2021年度）

国家知识产权局知识产权保护司　指导
知识产权出版社有限责任公司　编写

出版发行：	知识产权出版社有限责任公司	网　　址：	http://www.ipph.cn	
社　　址：	北京市海淀区气象路50号院	邮　　编：	100081	
责编电话：	010-82000860转8252	责编邮箱：	shdwxl2010@163.com	
发行电话：	010-82000860转8101/8102	发行传真：	010-82000893/82005070/82000270	
印　　刷：	三河市国英印务有限公司	经　　销：	新华书店、各大网上书店及相关专业书店	
开　　本：	880mm×1230mm　1/16	印　　张：	11.75	
版　　次：	2023年6月第1版	印　　次：	2023年6月第1次印刷	
字　　数：	202千字	定　　价：	118.00元	
ISBN 978-7-5130-8780-3		审 图 号：	GS京（2023）0853号	

出版权专有　侵权必究
如有印装质量问题，本社负责调换。

编委会

主　　编：张志成

编　　委：王　琛　邵源渊　李　悦
　　　　　赵　铭　赵孟婕　孙唯轶
　　　　　沈　川　李　娟　陈　欣

目录
CONTENTS

/1

第一章　工作综述

/4

第二章　认定保护

/21

第三章　保护监管

/36

第四章　涉外保护

/49

第五章　地方工作

/119

第六章　地理标志保护机构

/122

附　录

第一章 工作综述

加强地理标志保护 护航高质量发展

地理标志是重要的知识产权类型，是促进区域特色经济发展的有效载体，是推进乡村振兴的有力支撑，是推动外贸外交的重要领域，是保护和传承优秀传统文化的鲜活载体，也是企业参与市场竞争的重要资源。2008年，为提升我国知识产权创造、运用、保护和管理能力，国务院印发《国家知识产权战略纲要》，将地理标志列为特定领域知识产权，强调要完善地理标志保护制度，建立健全地理标志技术标准体系、质量保证体系与检测体系，促进地理标志的保护与运用，明确了地理标志保护制度的发展方向。2018年，中共中央印发的《深化党和国家机构改革方案》中明确，重新组建国家知识产权局负责原产地地理标志登记注册和行政裁决，拟定统一认定制度并组织实施，形成了地理标志保护的新工作格局。

机构改革以来，国家知识产权局坚决贯彻落实党中央、国务院重要决策部署，扎实推进统一制度建设、统一专用标志、统一保护监管、统一对外合作，会同有关方面持续提升地理标志工作治理能力和治理水平，地理标志保护和管理各项工作不断取得新进展，地理标志数量稳步提升，地理标志生产者市场主体数量持续增加、规模不断扩大。截至2021年底，我国累计批准地理标志产品2490个，累计以地理标志作为集体商标、证明商标注册6562件，核准地理标志专用标志使用市场主体17111家。

一是贯彻落实工作部署，夯实地理标志保护基础。党中央、国务院高度重视地理标志保护工作，对地理标志保护工作作出一系列重要部署。为深入贯彻习近平总书记在中央政治局第二十五次集体学习时的重要讲话精神，认真落实《知识产权强国建设纲要（2021—2035年）》《"十四五"国家知识产权保护和运用规划》，积极履行地理标志管理职责，有效提升地理标志的保护和运用水平，国家知识产权局制定发布《地理标志保护和运用"十四五"规划》。这是首个地理标志五年规划，明确了"十四五"时期地理标志保护和运用工作的指导思想，提出了三项具体目标、五项重点任务、四项保障措施，对未来五年的地理标志保护和运用工作进行了全面部署。

二是以地理标志官方标志统一引领监管机制建设。发布统一的地理标志专用标志，并纳入官方标志保护。发布实施《地理标志专用标志使用管理办法（试行）》，规定了地理标志专用标志的使用目的、适用范围、统一样式、使用要求、解释与实施等相关内容，对地理标志专用标志的监督管理和机构职责、合法使用人应履行的义务和退出机制等提出明确要求。组织开展全国范围内地理标志保护资源普查工作。加强地理标志保护申请电子受理平台建设，建设统一受理地理标志产品保护申请和地理标志作为集体商标、证明商标注册申请平台，实现一个平台、两种途径、统一监管。

三是以"放管服"改革引领地理标志领域高质量发展。落实国务院部署的"放管服"各项改革要求，推进在安徽、江苏等12个省（自治区、直辖市）开展地理标志专用标志使用核准改革试点，促进地理标志专用标志的合法使用和规范使用，推动核准更科学、监管更严格、服务更优化。生产者用标审批时间明显缩短，受到了产业界广泛欢迎。积极推进地理标志产品保护示范区建设管理，制定发布《国家地理标志产品保护示范区建设管理办法（试行）》，在前期建设24个示范区的基础上，确定2021年新一批50个国家地理标志产品保护示范区筹建名单，进一步加强对已批准建设示范区的巡查管理，全面从严加强地理标志保护，积极推广示范区形成的保护管理经验。

四是"严、大、快、同"理念引领地理标志保护水平提高。2021年5月，以高水平保护为导向，国家知识产权局、国家市场监督管理总局联合印发《关于进一步加强地理标志保护的指导意见》，明确了地理标志保护和管理的政策框架。推动地理标志标准化建设，设立了全国知识管理标准化技术委员会地理标志分技术委员会，推动完善地理标志产品的标准体系。推动地理标志纳入各类专项执法行动，加强"双随机、一公开"监督管理，大力查处地理标志侵权行为，营造良好营商环境。

五是以互认互保引领地理标志保护国际合作持续深化。修订出台《国外地理标志产品保护办法》，为国外地理标志产品提供在华保护。推动《中华人民共和国政府与欧洲联盟地理标志保护与合作协定》（以下简称《中欧地理标志协定》）成功签署，实现550个特色鲜明、家喻户晓的地理标志整体互认。2021年3月1日，《中欧地理标志协定》正式生效，国家知识产权局发布公告，批准对塞浦路斯鱼尾菊酒等欧盟产品实施地理标志保护，第一批100个中国产品也同步在欧盟全境获得地理标志保护。截至2021年底，中欧双方通过单独申请、互认试点和协定互保等模式累计实现110个中国地理标志在欧保护，134个欧盟地理标志在华保护，有效扩大了中国地理标志的国际影响力。

国家知识产权局将继续按照党中央关于加强知识产权保护的有关要求，守正创新，坚持高水平保护、高标准管理、高质量发展，切实发挥地理标志保护制度的重要作用，助力乡村振兴和经济高质量发展。

第二章 认定保护

2.1 地理标志产品认定数据概览

2.1.1 地理标志产品认定数量

2021年，国家知识产权局发布地理标志产品保护申请受理公告7期，受理地理标志产品保护申请22个（见附录1）；发布批准实施地理标志产品保护公告12期，认定地理标志产品99个，其中，国内产品20个（见附录2），国外产品79个（见附录3）。

2018—2021年，新认定地理标志产品177个，其中，2018年新认定67个[1]，2019年新认定5个，2020年新认定6个。截至2021年底，累计认定地理标志产品2490个（见图2-1）。

图2-1 2018—2021年认定国内外地理标志产品数量

---

1 含2018年机构改革前，原国家质量监督检验检疫总局新认定地理标志产品46个。

2.1.2 地理标志产品分类

2021 年新认定的 99 个地理标志产品，涉及食用农林产品及食品、非食用农林产品和手工艺品类别[2]，95 个食用农林产品及食品，其中，塞浦路斯鱼尾菊酒等酒类产品 62 个，丹麦蓝乳酪等肉、蛋、乳及其制品 11 个，鸡泽辣椒等果蔬及其制品 7 个，西提亚橄榄油等油料及食用油 3 个，摩德纳香醋等香辛料及调味品 3 个，伦教糕等休闲食品 3 个，南陵大米等粮食及其制品 2 个，乳山牡蛎等水产品及其制品 1 个，加泰罗尼亚等其他产品 3 个；3 个手工艺品，其中潮州手拉朱泥壶等陶瓷器皿 2 个，陆川铁锅等其他手工艺品 1 个；1 个非食用农林产品，为希俄斯乳香，属林木、花卉制品（见图 2-2）。

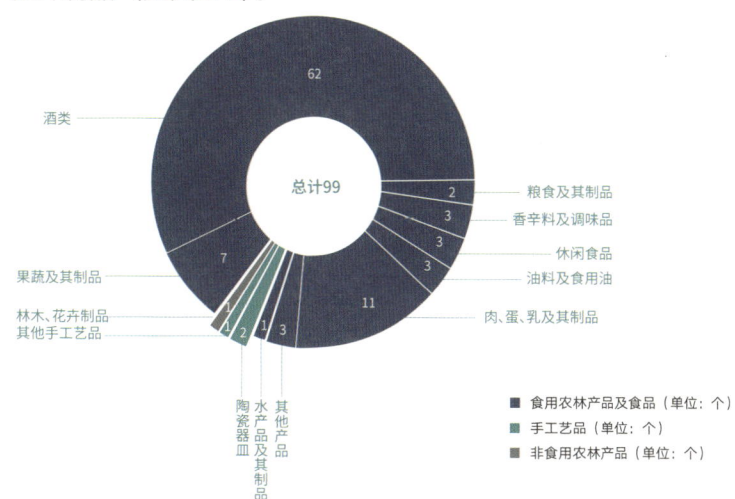

图 2-2　2021 年认定地理标志产品分类情况

截至 2021 年底，累计认定 2490 个地理标志产品，包含食用农林产品及食品 2038 个，中药材 273 个，手工艺品 143 个，非食用农林产品 36 个（见图 2-3）。

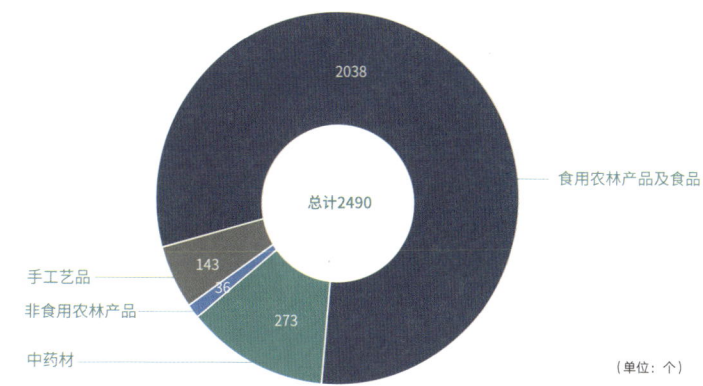

图 2-3　截至 2021 年底累计认定地理标志产品类别

2　所指分类依据国家标准《地理标志认定　产品分类与代码（征求意见稿）》。

2.1.3 地理标志产品地域分布

2021年，新认定地理标志产品99个，其中，20个国内产品的保护地域分布于河北省、山西省、黑龙江省、安徽省、山东省、广东省、广西壮族自治区、四川省、贵州省、云南省、新疆维吾尔自治区11个省（自治区）（见附录4）。

2018—2021年，新认定地理标志产品177个，其中，98个国内产品的保护地域分布于河北省、山西省、内蒙古自治区、辽宁省、吉林省、黑龙江省、江苏省、安徽省、福建省、江西省、山东省、河南省、湖南省、广东省、广西壮族自治区、四川省、贵州省、云南省、西藏自治区、陕西省、甘肃省、新疆维吾尔自治区22个省（自治区）（见附录5）。

截至2021年底，累计认定地理标志产品2490个，其中，2350个国内产品的保护地域分布于31个省（自治区、直辖市）（见附录6），140个国外产品的保护地域分布于24个国家（见附录7）。

2.1.4 地理标志产品保护申请不予受理

2021年，在形式审查阶段不予受理地理标志产品保护申请34个，涉及13个省份，原因主要集中在"产品知名度不高""材料造假""申请保护的产地范围与实际产地范围不符""申请保护的名称已经在特定地域之外广泛使用"等。

2018—2021年，不予受理和驳回地理标志产品保护申请58个，涉及15个省份，形式审查阶段不予受理57个，技术审查阶段驳回1个。原因主要集中在"产品知名度不高""材料造假""申请保护的产地范围与实际产地范围不符""申请保护的名称已经被列入《国家畜禽遗传资源品种名录》"等（见专栏2-1）。

2.2 以地理标志作为集体商标、证明商标注册数据概览

2.2.1 以地理标志作为集体商标、证明商标注册数量

2021年，以地理标志作为集体商标、证明商标注册量为477件，其中，证明商标注册量为463件，占比约97.06%；

专栏2-1：申请不予受理案例

1."产品知名度不高"

以某县人民政府提交"某某羊肉"地理标志产品保护申请为例，首次提交的证据材料中记载当地于1956年至1997年间持续开展羊杂交改良工作，该内容可证明当地长期出产羊肉，但未能明确体现产品名称的持续使用时间，经补正，仍未能证明"某某羊肉"作为产品名称长期用于生产和销售，实践中亦未能证明该产品在全国范围内或国内较大区域内享有较高知名度或较大影响力。据此，以"产品知名度不高"对该申请不予受理。

2."材料造假"

提交地理标志产品保护申请的"某某×茶"，申请材料中包含可证明产品名称在先使用、历史渊源的内容。经查，中国知网的《清代民国时期名优茶集锦（下）》同一位置记载的为"×茶"而非"某某×茶"，其内容与实际情况不符，根据《地理标志产品保护规定》第十三条规定，对该申请不予受理。

3."申请保护的产地范围与实际产地范围不符"

提交地理标志产品保护申请的"某某川芎"，经检索，"川芎"是原国家质量监督检验检疫总局2006年第128号公告保护的地理标志产品，其保护地域范围为"四川省都江堰市现辖行政区域"，而"某某川芎"申请保护的地域范围为"彭州市某某镇现辖行政区域"，彭州市与都江堰市之间并无隶属关系，据此，以"申请保护的产地范围与实际产地范围不符"对该申请不予受理。

4."申请保护的名称已经被列入《国家畜禽遗传资源品种名录》"

提交地理标志产品保护申请的"某某黄鸡"，申请保护的名称已经被列入《国家畜禽遗传资源品种名录》，并已经在特定地域之外广泛使用，据此，以"申请保护的名称已经被列入《国家畜禽遗传资源品种名录》"对该申请不予受理。

集体商标注册量为 14 件，占比约 2.94%（见图 2-4，附录 8）。

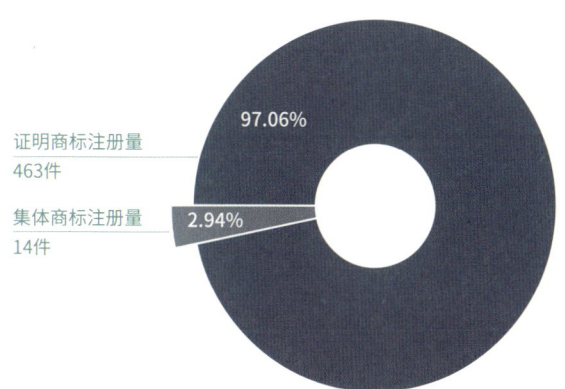

图 2-4　2021 年以地理标志作为集体商标、证明商标注册量

2018—2021 年，以地理标志作为集体商标、证明商标注册量为 2669 件，其中，证明商标注册量为 2496 件，占比约 93.52%；集体商标注册量为 173 件，占比约 6.48%。2018 年，以地理标志作为集体商标、证明商标注册量为 956 件，2019 年注册量为 590 件，2020 年注册量为 646 件。截至 2021 年底，以地理标志作为集体商标、证明商标注册的累计数量为 6562 件（见表 2-1，图 2-5）。

表 2-1　2018—2021 年以地理标志作为集体商标、证明商标注册量

（单位：件）

年份	总量	集体商标注册量	证明商标注册量
2018	956	103	853
2019	590	31	559
2020	646	25	621
2021	477	14	463

图 2-5　2018—2021 年以地理标志作为集体商标、证明商标注册量

2.2.2　以地理标志作为集体商标、证明商标注册分类

2021 年，以地理标志作为集体商标、证明商标注册 477 件，共涉及 15 个商品类别[3]，按数量多少依次为第 31 类、第 29 类、第 30 类、第 5 类、第 21 类、第

3　所指类别依据《类似商品和服务区分表——基于尼斯分类第十一版》划分界定。

22类、第20类、第14类、第33类、第16类、第19类、第3类、第24类、第2类、第23类（见表2-2，图2-6）。

表2-2　2021年以地理标志作为集体商标、证明商标注册类别

序号	类别	数量（件）	占比（%）
1	31类	244	51.15
2	29类	83	17.40
3	30类	80	16.77
4	5类	31	6.50
5	21类	8	1.68
6	22类	6	1.26
7	20类	5	1.05
8	14类	4	0.84
9	33类	4	0.84
10	16类	3	0.63
11	19类	3	0.63
12	3类	2	0.42
13	24类	2	0.42
14	2类	1	0.21
15	23类	1	0.21

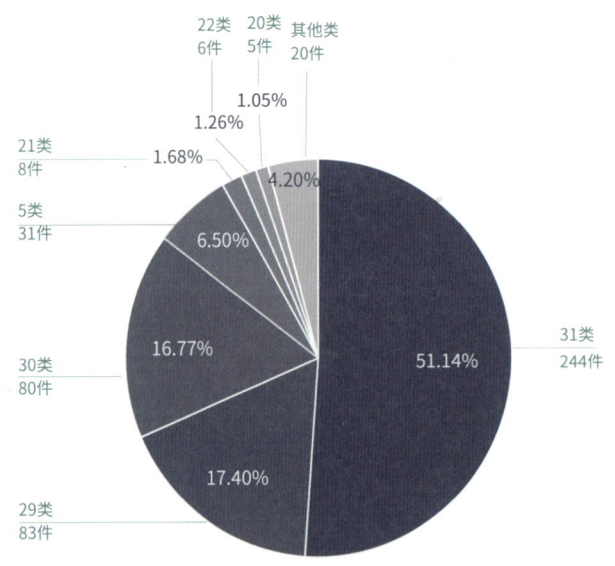

图2-6　2021年以地理标志作为集体商标、证明商标注册类别

截至2021年底，以地理标志作为集体商标、证明商标注册6562件，共涉及28个商品类别，按数量多少依次为第31类、第29类、第30类、第5类、第33类、第21类、第20类、第24类、第22类、第16类、第34类、第14类、第19类、第26类、第13类、第27类、第4类、第2类、第15类、第25类、第3类、第1类、第28类、第8类、第18类、第23类、第32类、第11类（见表2-3，图2-7）。

表 2-3　截至 2021 年底以地理标志作为集体商标、证明商标注册类别

类别	总数量（件）	占比（%）
31 类	3346	50.99
29 类	1175	17.91
30 类	1108	16.89
5 类	377	5.75
33 类	213	3.25
21 类	75	1.14
20 类	38	0.58
24 类	38	0.58
22 类	34	0.52
16 类	27	0.41
34 类	22	0.34
14 类	19	0.29
19 类	18	0.27
26 类	12	0.18
13 类	11	0.17
27 类	8	0.12
4 类	7	0.11
2 类	5	0.08
15 类	5	0.08
25 类	5	0.08
3 类	4	0.06
1 类	3	0.05
28 类	3	0.05
8 类	2	0.03
18 类	2	0.03
23 类	2	0.03
32 类	2	0.03
11 类	1	0.02

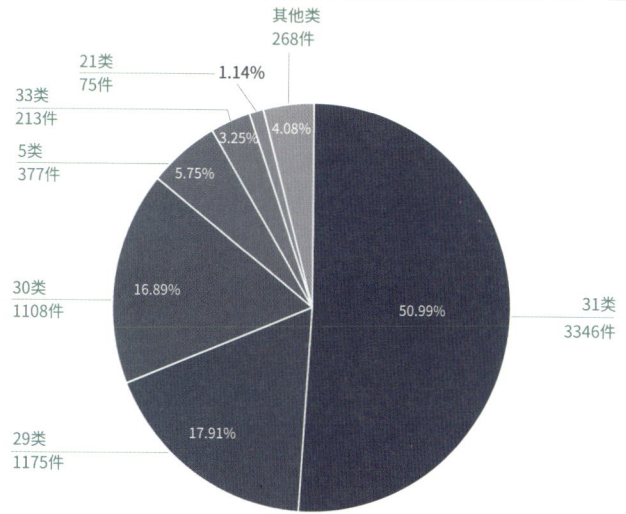

图 2-7　截至 2021 年底以地理标志作为集体商标、证明商标注册类别

2.2.3 以地理标志作为集体商标、证明商标注册地域分布

2021年，以地理标志作为集体商标、证明商标注册477件，地域范围涉及国内30个省（自治区、直辖市）及法国、印度、意大利3个国家。国内申请人注册量为472件，国外申请人注册量为5件（见附录9，附录10）。

截至2021年底，以地理标志作为集体商标、证明商标注册6562件，地域范围涉及国内31个省（自治区、直辖市）、台湾地区 *，以及12个其他国家。国内申请人注册量为6347件，占比约为96.72%；国外申请人注册量为215件，占比约为3.28%（见附录11，附录12）。

2.3 地理标志专用标志使用市场主体概览

2.3.1 地理标志专用标志核准情况

2.3.1.1 2021年核准使用地理标志专用标志市场主体数量

2021年，新核准7677家市场主体使用地理标志专用标志，其中，经公告核准使用地理标志专用标志的生产者1702家，经公告地理标志已作为集体商标注册的注册人的集体成员448家，经公告备案的已作为证明商标注册的地理标志的被许可人5527家。湖北省、福建省、安徽省、湖南省、浙江省5个省份2021年新增地理标志专用标志用标市场主体数量均超过500家，共有22个省份2021年新增地理标志专用标志用标市场主体数量超过100家（见表2-4）。

表2-4 2021年核准使用地理标志专用标志市场主体数量

（单位：家）

序号	省（自治区、直辖市）	地理标志产品生产者	集体商标集体成员	证明商标被许可人	合计
1	北京市	0	0	2	2
2	天津市	0	0	29	29
3	河北省	12	0	162	174
4	山西省	20	0	18	38
5	内蒙古自治区	2	0	55	57
6	辽宁省	10	0	124	134
7	吉林省	4	0	149	153
8	黑龙江省	158	0	226	384
9	上海市	3	29	18	50
10	江苏省	31	165	279	475
11	浙江省	61	0	447	508
12	安徽省	131	2	502	635
13	福建省	500	7	133	640

* 除直接列明香港、澳门、台湾地区外，其他全国数据均未包含港澳台地区。

续表

序号	省（自治区、直辖市）	地理标志产品生产者	集体商标集体成员	证明商标被许可人	合计
14	江西省	17	0	77	94
15	山东省	11	0	430	441
16	河南省	198	0	6	204
17	湖北省	64	153	545	762
18	湖南省	9	20	581	610
19	广东省	188	0	30	218
20	广西壮族自治区	41	0	146	187
21	海南省	4	0	60	64
22	重庆市	2	15	170	187
23	四川省	63	35	366	464
24	贵州省	58	0	123	181
25	云南省	26	0	242	268
26	西藏自治区	10	0	0	10
27	陕西省	42	21	192	255
28	甘肃省	9	0	183	192
29	青海省	0	0	0	0
30	宁夏回族自治区	23	1	104	128
31	新疆维吾尔自治区	5	0	128	133
	总计	1702	448	5527	7677

2.3.1.2 截至 2021 年底核准地理标志专用标志使用市场主体数量

2018 年机构改革以来，核准地理标志专用标志使用市场主体数量实现三连增。2019 年，国家知识产权局在 12 个省份开展地理标志专用标志使用核准改革试点。2020 年，国家知识产权局印发《地理标志专用标志使用管理办法（试行）》，深入推进地理标志专用标志使用管理改革，落实地理标志领域"放管服"，核准使用地理标志专用标志市场主体数量连续三年大幅提升，2021 年较 2020 年增幅更是达 630%（见图 2-8）。

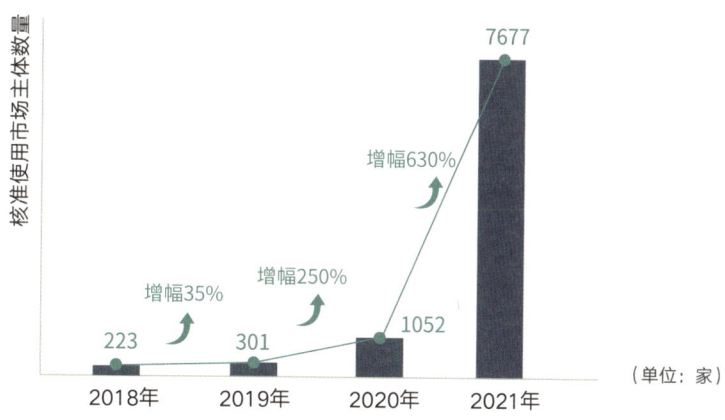

图 2-8 2018—2021 年核准地理标志专用标志使用市场主体数量

2.3.1.3 地理标志专用标志使用规模

截至 2021 年底,累计有 17111 家地理标志专用标志使用市场主体。地理标志专用标志使用市场主体规模超过 100 家的地理标志有武夷岩茶、五常大米、福鼎白茶、新会陈皮、武夷红茶、龙井茶、建盏、盘锦大米、德化白瓷、霍山石斛 10 件;以地理标志注册的"秭归脐橙"1 件集体商标;以地理标志注册的"象山柑橘""龙井茶 LongjingTea""六安瓜片""安化黑茶""迁西板栗""凤冈锌硒茶""古丈毛尖""中宁""五常大米"9 件证明商标。其中,地理标志产品武夷岩茶用标市场主体规模最大,超过 600 家(见图 2-9,图 2-10,图 2-11)。

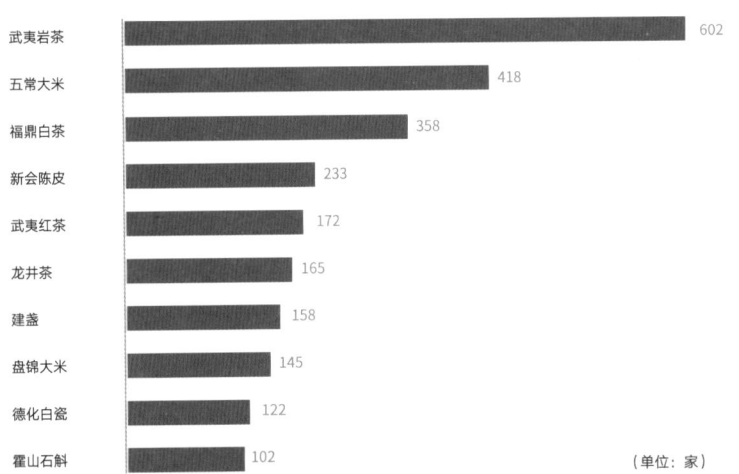

图 2-9 截至 2021 年底地理标志产品生产者使用专用标志市场主体数量(排名前十)

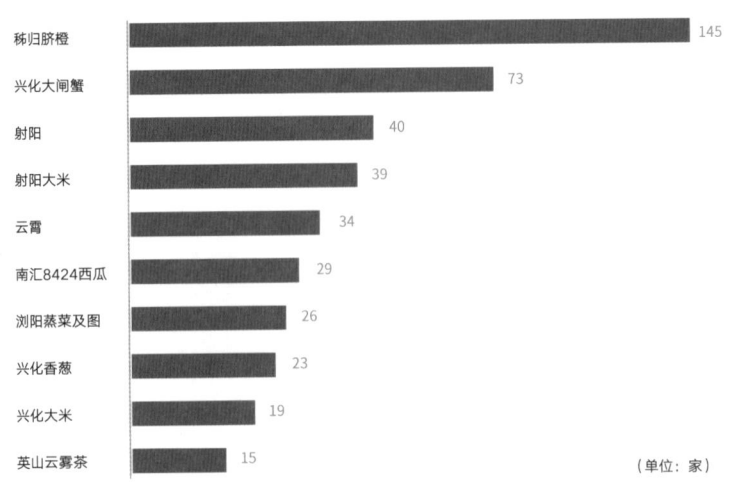

图 2-10 截至 2021 年底集体商标(地理标志)成员使用专用标志市场主体数量(排名前十)

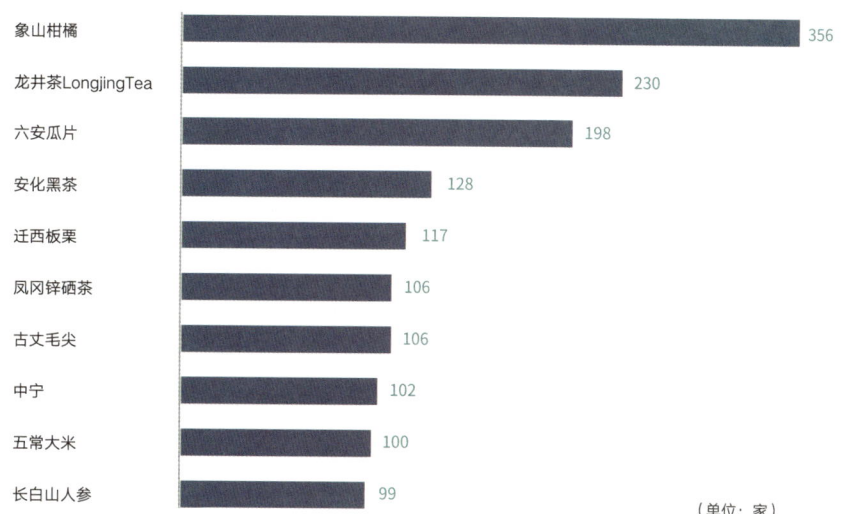

图 2-11　截至2021年底证明商标（地理标志）被许可人使用专用标志市场主体数量（排名前十）

2.3.2　地理标志专用标志使用市场主体类型

地理标志专用标志使用市场主体涵盖大中小微型企业、科研院所、社会团体、农民专业合作社等市场主体类型，其中，小微企业[4] 占 74.41%（见图 2-12）。

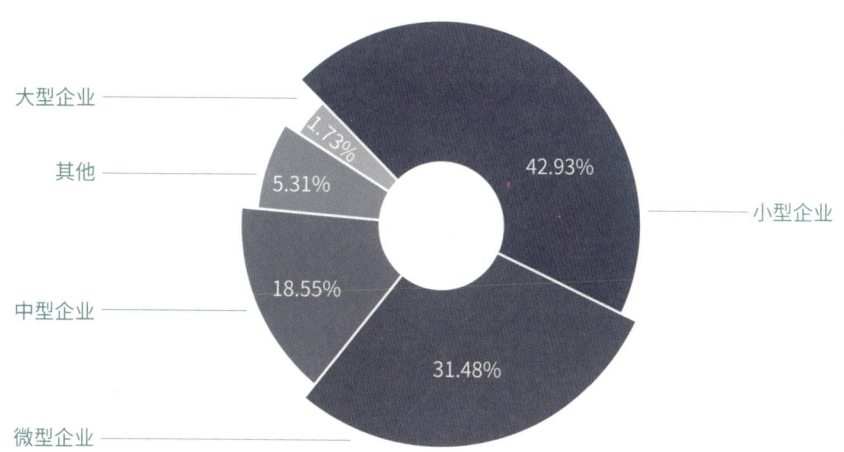

图 2-12　地理标志专用标志使用主体类型分布

2.3.3　地理标志专用标志使用覆盖率

2.3.3.1　地理标志产品生产者使用专用标志覆盖率

截至 2021 年底，2350 个国内地理标志产品中，1136 个地理标志产品有市

4　依据财政部和国家税务总局联合印发的《关于小型微利企业所得税优惠政策有关问题的通知》确定。

场主体使用地理标志专用标志，平均地理标志专用标志使用覆盖率达到 48.34%。其中，安徽省、海南省 2 个省份用标覆盖率超过 80%；北京市用标覆盖率超过 70%；宁夏回族自治区、青海省、上海市、吉林省、广东省 5 个省份用标覆盖率超过 60%；辽宁省、四川省、河北省、贵州省、陕西省、广西壮族自治区 6 个省份用标覆盖率超过 50%（见图 2-13）。

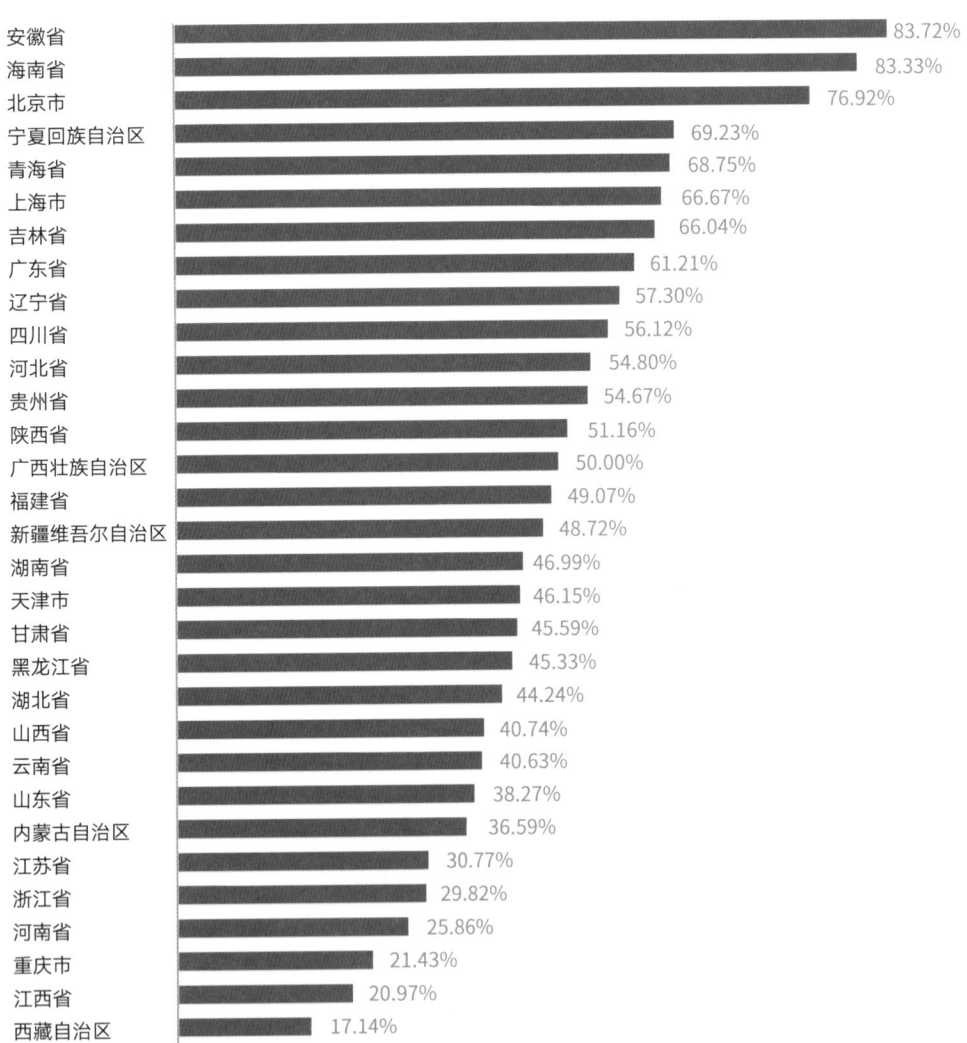

图 2-13　截至 2021 年底地理标志产品生产者使用专用标志覆盖率

2.3.3.2 以地理标志注册的集体商标集体成员使用地理标志专用标志覆盖率

截至 2021 年底，251 件国内以地理标志注册的集体商标中，60 件集体商标的集体成员使用地理标志专用标志，平均地理标志专用标志使用覆盖率达到 23.9%。其中，上海市、宁夏回族自治区 2 个省份用标覆盖率达到 100%。

2.3.3.3 以地理标志注册的证明商标被许可人使用地理标志专用标志覆盖率

截至 2021 年底，6096 件国内以地理标志注册的证明商标中，1315 件证明商标的被许可人使用地理标志专用标志，平均地理标志专用标志使用覆盖率达到 21.57%。其中，安徽省、湖南省、上海市 3 个省份用标覆盖率超过 40%。

2.3.4 地理标志专用标志变更、注销使用注册登记情况

2.3.4.1 地理标志专用标志变更使用注册登记情况

2021 年，变更地理标志专用标志使用市场主体 361 家，变更原因为企业名称变更。

2018—2021 年，共变更地理标志专用标志使用市场主体 472 家，变更原因为企业名称变更。

2.3.4.2 地理标志专用标志注销使用注册登记情况

2021 年，共发布注销公告 5 期，注销 464 家市场主体的地理标志专用标志使用注册登记，同比增长 130.85%。其中，以企业已注销为由注销的有 361 家；以营业执照被吊销为由注销的有 100 家；以法人登记已注销为由注销的有 2 家；以被撤销登记为由注销的有 1 家（见图 2-14）。

2018—2021 年，共发布注销公告 9 期，注销 665 家市场主体的地理标志专用标志使用注册登记。其中，以企业已注销为由注销的有 506 家；以营业执照被吊销为由注销的有 145 家；以企业登记网上注册申报服务系统中无该企业名称为由注销的有 10 家；以被撤销登记为由注销的有 2 家；以法人登记已注销为由注销的有 2 家（见图 2-15）。

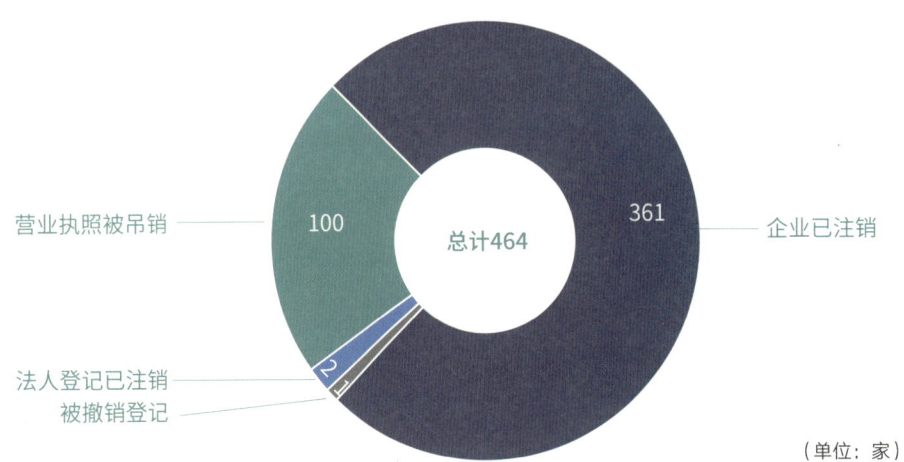

图 2-14　2021 年地理标志专用标志注销使用登记数量及原因

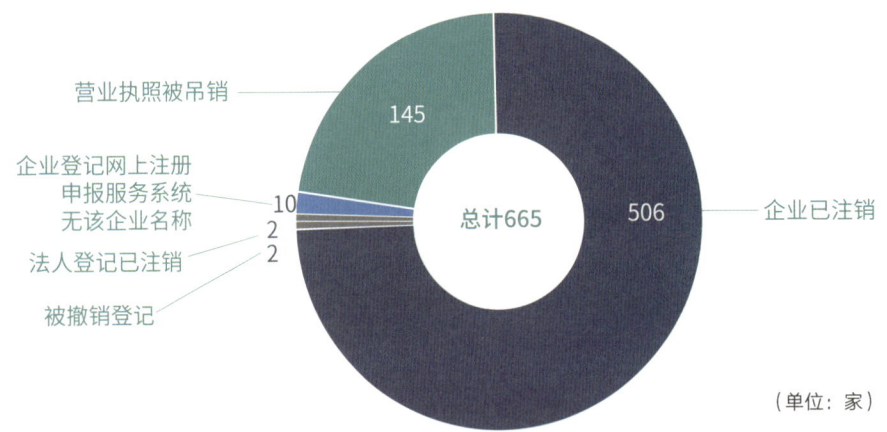

图 2-15　2018—2021 年地理标志专用标志注销使用登记数量及原因

2.4　地理标志直接产值概览

2.4.1　2021 年地理标志直接产值

2021 年，我国地理标志专用标志使用市场主体直接产值[5]（以下简称地理标志直接产值）为 7033.76 亿元，同比增长 9.94%（见图 2-16）。其中，地理标志产品用标市场主体年度总产值 4813.45 亿元，以地理标志注册的集体商标用标市场

5　关于地理标志专用标志使用市场主体直接产值的统计口径：2021 年 11 月，国家知识产权局印发通知，组织在全国范围内开展 2021 年度地理标志专用标志使用监管报告填报工作。根据 31 个省级知识产权局报送的地理标志专用标志使用监管数据，截至 2021 年底，累计核准地理标志专用标志使用市场主体 17111 家，上述市场主体 2021 年度与地理标志产品生产经营直接相关的年度生产总值为 7033.76 亿元。

主体年度总产值 211.94 亿元,以地理标志注册的证明商标用标市场主体年度总产值 2008.37 亿元。

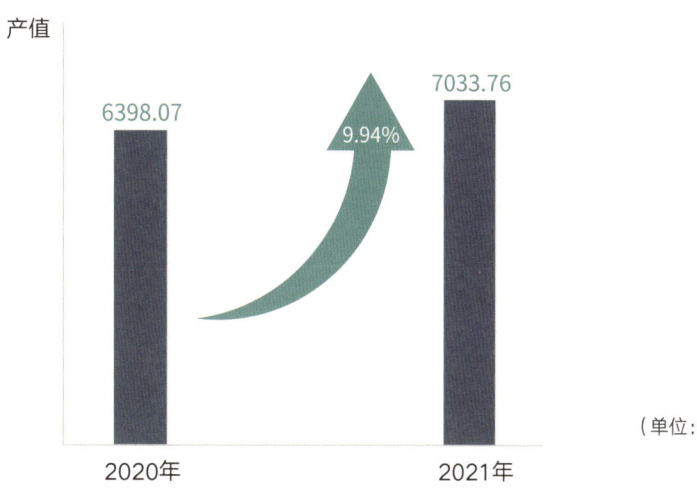

图 2-16　2020—2021 年地理标志直接产值

2.4.2　2021 年各省份地理标志直接产值

地理标志产品方面,四川省用标市场主体年度直接产值超过 1000 亿元;黑龙江省用标市场主体年度直接产值超过 500 亿元;贵州省、安徽省、福建省、湖南省、广东省、湖北省、山东省、浙江省 8 个省份用标市场主体年度直接产值超过 100 亿元。

以地理标志注册的集体商标方面,江苏省用标市场主体年度直接产值超过 100 亿元。

以地理标志注册的证明商标方面,四川省、湖南省、江苏省、吉林省、湖北省、安徽省、山东省、黑龙江省 8 个省份用标市场主体年度直接产值超过 100 亿元(见表 2-5)。

表 2-5　2021 年各省(自治区、直辖市)地理标志直接产值

(单位:亿元)

序号	省份	地理标志产品直接产值	集体商标直接产值	证明商标直接产值	小计
1	四川省	1504.96	4.08	190.37	1699.41
2	黑龙江省	822.64	0	104.32	926.96
3	贵州省	488.97	0	75.69	564.66
4	安徽省	385.17	0.01	152.65	537.83
5	江苏省	77.89	133.52	207.60	419.01

续表

序号	省份	地理标志产品直接产值	集体商标直接产值	证明商标直接产值	小计
6	湖南省	151.78	7.50	248.38	407.66
7	湖北省	125.88	28.47	175.49	329.84
8	福建省	252.30	0.71	45.18	298.19
9	吉林省	43.35	0.16	196.66	240.17
10	山东省	106.05	0	108.26	214.31
11	浙江省	105.06	0	46.61	151.67
12	广西壮族自治区	97.04	0	54.60	151.64
13	辽宁省	99.28	0	51.85	151.13
14	广东省	143.93	0	4.52	148.45
15	江西省	60.87	0	76.83	137.70
16	云南省	67.85	0	66.39	134.24
17	甘肃省	50.76	0	27.68	78.45
18	陕西省	49.82	1.31	22.32	73.45
19	河南省	48.39	9.72	5.37	63.48
20	海南省	12.70	0	43.58	56.28
21	内蒙古自治区	18.64	17.15	15.04	50.83
22	重庆市	8.97	8.19	31.21	48.37
23	河北省	17.76	0	19.22	36.98
24	宁夏回族自治区	19.19	0.01	17.07	36.27
25	山西省	22.53	0	2.01	24.54
26	天津市	7.32	0	8.02	15.34
27	青海省	14.21	0	0	14.21
28	新疆维吾尔自治区	5.17	0	5.97	11.14
29	上海市	2.82	1.11	2.86	6.79
30	西藏自治区	1.15	0	2.58	3.73
31	北京市	0.99	0	0.03	1.02
	总计	4813.45	211.94	2008.37	7033.76

2.4.3　2021年各类地理标志直接产值

我国地理标志产品直接产值排名前十位的分别为五常大米、五粮液、茅台酒（贵州茅台酒）、古井贡酒、剑南春酒、郫县豆瓣、国窖1573、习酒、郎酒和福鼎白茶；以地理标志注册的集体商标直接产值排名前十位的分别为兴化大闸蟹、兴化大米、射阳大米、张港花椰菜、呼伦贝尔牛肉、镇江香醋、镇江陈醋、南陵大米、浏阳蒸菜、延津小麦和呼伦贝尔羊肉;以地理标志注册的证明商标直接产值排名前十位的分别为盱眙龙虾、东坡泡菜、梨树白猪、纳溪特早茶、凤冈锌硒茶、伊通黄牛、霍山石斛、铅山红芽芋、方正大米、万宁槟榔（见图2-17，图2-18，图2-19）。

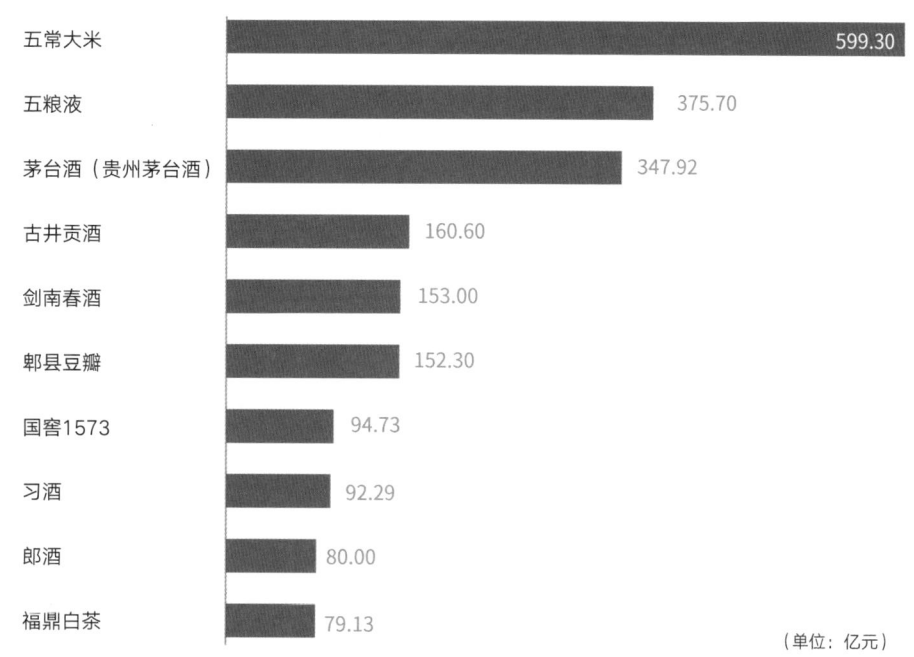

图 2-17　2021 年地理标志产品直接产值（排名前十）

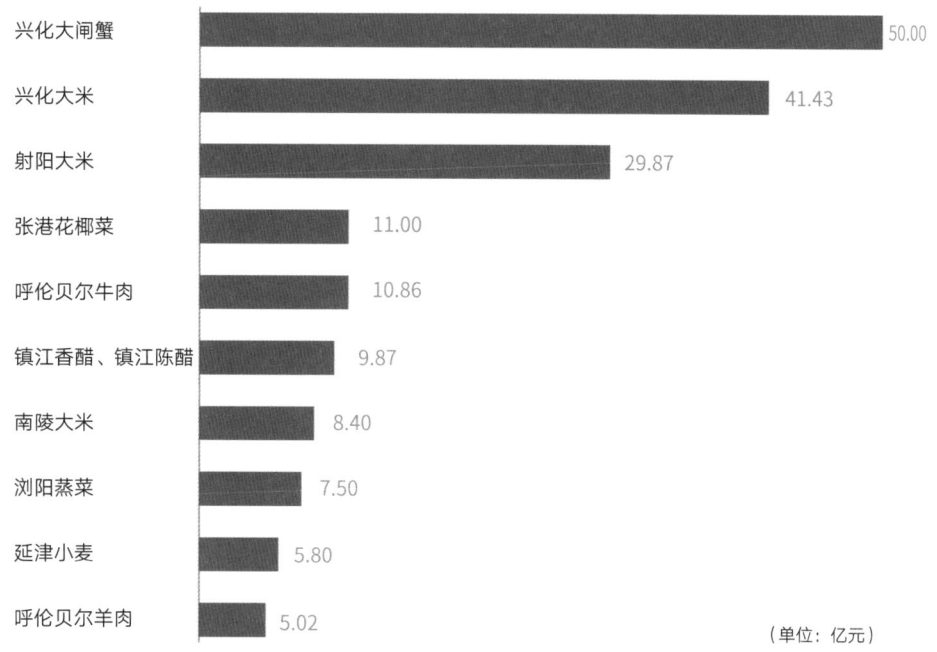

图 2-18　2021 年以地理标志注册的集体商标直接产值（排名前十）

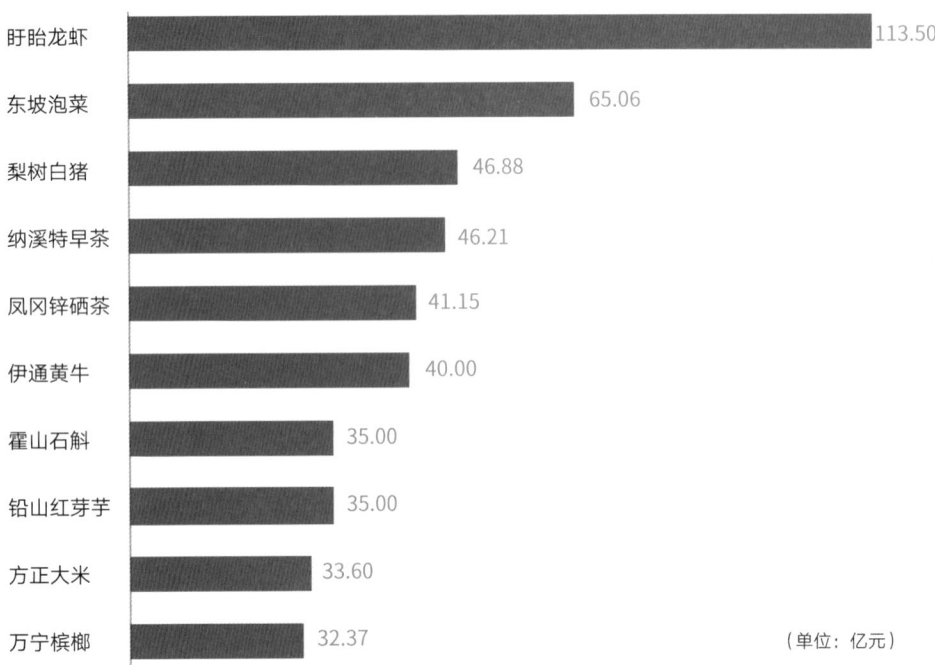

图 2-19　2021 年以地理标志注册的证明商标直接产值（排名前十）

第三章　保护监管

3.1　加快完善地理标志保护政策

3.1.1　中共中央、国务院印发《知识产权强国建设纲要（2021—2035）》

2021年9月,中共中央、国务院印发《知识产权强国建设纲要（2021—2035年）》（以下简称《纲要》),面向知识产权事业未来十五年发展作出重大顶层设计,《纲要》指出,建设中国特色、世界水平的知识产权强国,对于提升国家核心竞争力,扩大高水平对外开放,实现更高质量、更有效率、更加公平、更可持续、更为安全的发展,满足人民日益增长的美好生活需要,具有重要意义。

《纲要》从建设面向社会主义现代化的知识产权制度、建设支撑国际一流营商环境的知识产权保护体系、建设激励创新发展的知识产权市场运行机制、建设便民利民的知识产权公共服务体系、建设促进知识产权高质量发展的人文社会环境和深度参与全球知识产权治理六个方面部署了知识产权强国建设的重点任务。

《纲要》明确提出,探索制定地理标志专门法律法规,健全专门保护与商标保护相互协调的统一地理标志保护制度。实施地理标志保护工程。推动地理标志与特色产业发展、生态文明建设、历史文化传承以及乡村振兴有机融合,提升地理标志品牌影响力和产品附加值。推动地理标志互认互保,加强中国商标品牌和地理标志产品全球推介。

3.1.2 国务院印发《"十四五"国家知识产权保护和运用规划》

2021年10月,国务院印发《"十四五"国家知识产权保护和运用规划》(以下简称《规划》)。《规划》提出,到2025年,知识产权强国建设阶段性目标任务如期完成,知识产权领域治理能力和治理水平显著提高,知识产权事业实现高质量发展,有效支撑创新驱动发展和高标准市场体系建设,有力促进经济社会高质量发展。

《规划》设立了商业秘密保护、数据知识产权保护、知识产权保护机构建设、地理标志保护等15个专项工程。《规划》明确了实施地理标志保护提升行动,提出推进建立地理标志统一认定和立体化保护机制,强化地理标志专用标志使用监管,构建新型地理标志保护标准体系,建成100个国家地理标志产品保护示范区,完善地理标志保护监管年度报告制度,探索建立地理标志联动保护工作机制等。

3.1.3 国家知识产权局印发《地理标志保护和运用"十四五"规划》

2021年12月,国家知识产权局印发《地理标志保护和运用"十四五"规划》(以下简称《地理标志规划》),这是我国首个地理标志的五年规划。

《地理标志规划》提出以高水平保护、高质量发展、高标准建设、高效益运用为主线,进一步完善地理标志保护和运用体系,强化地理标志保护,提升我国地理标志产品的价值内涵,推动地理标志与特色产业发展、生态文明建设、历史文化传承和乡村振兴有机融合,为推进供给侧结构性改革、培育经济发展新动能、实现可持续发展提供重要支撑。

《地理标志规划》提出"十四五"期间的主要发展目标和地理标志保护基础更加坚实、地理标志运用效益更加凸显、地理标志互认互保范围进一步扩大三项具体目标;明确了地理标志认定数量保持稳定合理增长、使用地理标志专用标志的市场主体达到1.8万家以上、年直接产值保持稳定增长、制修订一批地理标志领域国家标准、地方标准和团体标准、建成国家地理标志产品保护示范区100家、推动更多中国地理标志在海外获得保护六个预期性指标。

《地理标志规划》围绕发展目标,从夯实地理标志保护和管理基础、提升地理标志保护和管理水平、加强地理标志品牌建设、发展地理标志特色产业、扩大地理标志对外交流五个方面,部署了重点任务。为推进重点任务顺利落地落实,《地理标志规划》部署了地理标志保护工程和地理标志运用促进工程两大工程。

3.1.4 国家知识产权局、国家市场监督管理总局联合印发《关于进一步加强地理标志保护的指导意见》

2021年5月，国家知识产权局、国家市场监督管理总局以加强制度机制建设、完善地理标志保护体系为目标，基于问题导向，进一步加强业务指导和统筹协调，联合制定出台了《关于进一步加强地理标志保护的指导意见》（国知发保字〔2021〕11号，以下简称《指导意见》），明确了当前一段时期地理标志保护和管理的政策框架。

《指导意见》强调在加强地理标志保护工作推进和实践探索中要坚持高水平保护、高标准管理、高质量发展的3个基本原则。主要内容包括4个方面12项任务。

一是通过提高地理标志保护法治化水平、强化地理标志保护申请质量监管、严格地理标志审核认定、优化地理标志保护扶持引导政策4项任务，夯实地理标志保护工作基础。

二是通过完善特色质量保证体系、建立健全技术标准体系、强化检验检测体系3项任务，进一步健全地理标志保护业务体系，为地理标志保护提供有力业务支撑。

三是通过严厉打击地理标志侵权假冒行为、强化涉及地理标志的企业名称登记管理、加强地理标志专用标志使用日常监管3项任务，进一步加强地理标志行政保护。

四是通过加强地理标志快速协同保护、健全涉外地理标志保护机制2项任务，进一步构建地理标志协同保护工作格局。

3.1.5 国家知识产权局办公室印发《国家地理标志产品保护示范区建设管理办法（试行）》

2021年2月，国家知识产权局办公室印发《国家地理标志产品保护示范区建设管理办法（试行）》（国知办发保字〔2021〕4号，以下简称《办法》），《办法》包括总则、申报与审核、建设与管理以及附则4个部分，共18条，为每年定期开展示范区申报评定工作提供了基本遵循。

《办法》明确将具有较大产业规模、较显著社会经济效益、较高保护水平，制度健全、机制完善、管理规范，产品特色鲜明、知名度高的地理标志保护地域确立为国家地理标志产品保护示范区，进一步示范、引领我国的地理标志保护。坚持高标准建设、高水平保护、高质量发展的原则，遴选典型代表，加强地理标志保护制度机制建设，形成特色鲜明的地理标志保护体系，构建社会共治、协调联动的地理标志保护格局，树立叫得响的国家地理标志保护示范精品。

《办法》规定，国家知识产权局每年组织 1 次示范区申报评定工作，择优确定并公布筹建示范区名称和承担单位。示范区筹建期为 3 年。示范区建设的主要任务包括夯实保护制度、健全工作体系、加大保护力度、强化保护宣传、加强合作共赢 5 个方面内容。

3.1.6　国家知识产权局印发《地理标志专用标志使用管理办法（试行）》

2020 年 4 月，国家知识产权局印发《地理标志专用标志使用管理办法（试行）》（以下简称《标志使用办法》），《标志使用办法》从我国地理标志专用标志的适用范围及样式、机构职责、使用人义务、合法使用人、使用要求、使用人标示方法、对合法使用人的监督管理等方面进行了详细规定，进一步统一和规范地理标志专用标志的使用和管理。

《标志使用办法》明确地理标志专用标志的官方标志属性，国家知识产权局负责统一制定发布地理标志专用标志使用管理要求，组织实施地理标志专用标志使用监督管理。

《标志使用办法》明确专用标志合法使用主体及其义务。专用标志合法使用人包括经公告核准使用地理标志产品专用标志的生产者，经公告地理标志已作为集体商标注册的注册人的集体成员，经公告备案的已作为证明商标注册的地理标志的被许可人以及经国家知识产权局登记备案的其他使用人。地理标志专用标志使用人应当遵循诚实信用原则，按照相关标准、管理规范和使用管理规则组织生产地理标志产品，规范标示地理标志专用标志。

3.2 建立健全地理标志保护标准体系

3.2.1 成立全国知识管理标准化技术委员会地理标志分技术委员会

2020年12月2日，国家标准化管理委员会公告设立全国知识管理标准化技术委员会地理标志分技术委员会（SAC/TC554/SC1），主要负责地理标志产品保护相关领域国家标准制修订工作，国家知识产权局负责日常管理和业务指导，秘书处由中国标准化研究院、中国标准化协会联合承担。地理标志分技术委员会的成立，标志着地理标志事业进入了标准化、专业化发展的新阶段。同年12月21日，全国知识管理标准化技术委员会地理标志分技术委员会成立大会暨第一届第一次全体委员会议在北京召开。全体委员审议通过了委员会章程和工作细则，集体研究年度工作计划、国家标准体系框架及体系表以及拟申报国家标准研制计划项目草案，围绕地理标志法律制度、我国地理标志保护现状与发展、地方地理标志保护监管实践、地理标志行业协会功能和企业质量管控等方面进行了专题研讨。

2021年12月15日，全国知识管理标准化技术委员会地理标志分技术委员会第一届第二次全体委员会议在北京顺利召开。全体委员听取了秘书处关于2021年度工作总结以及对2022年工作计划的报告，集体审议了公开征集的12项地理标志国家标准制修订项目建议。会议指出2021年地理标志分技术委员会工作务实起步、扎实推进、开局良好。会议强调要准确把握知识产权强国建设和国家标准化发展对地理标志标准化工作的总体要求，稳字当头，稳中求进，加强基础理论和实践研究，切实做好新时期地理标志分技术委员会工作。

3.2.2 健全地理标志保护国家标准体系

2021年7月9日，全国知识管理标准化技术委员会地理标志分技术委员会启动征集2021年度地理标志国家标准制修订项目，组织各有关单位围绕地理标志领域标准化发展需求，促进地理标志高质量发展，坚持目标导向、问题导向，控制数量、确保质量，满足合法性、必要性、可行性、协调性等要求，对地理标志基础通用类和地理标志产品类国家标准制修订项目进行申报，优先考虑已列入《中欧地理标志协定》的地理标志。征集意见期间，收到国家标准制修订项目建议共计66项，其中，地理标志通用类国家标准制定项目2项，地理标志通用类国家标准修订项目1项，地理标志产品类国家标准制定项目33项，地理标志产品类国家标准修订项目30项。

2021年9月,地理标志分技术委员会启动《地理标志认定 产品分类与代码》标准研制,并发起立项。2021年12月,国家标准化管理委员会印发《关于下达2021年第四批推荐性国家标准计划及相关标准外文版计划的通知》(国标委发〔2021〕41号),《地理标志认定 产品分类与代码》国家标准制定计划号为20214639—T—463,同步启动外文版制定。截至2021年底,已制定发布地理标志保护国家标准147项,其中,基础通用标准1项,产品标准146项;正式立项研制国家标准1项(见附录13)。

3.2.3 加强地理标志保护地方标准体系建设

2021年,全国各省(自治区、直辖市)新制定发布209项地理标志地方标准。截至2021年底,全国各省(自治区、直辖市)累计已制定发布1872项地理标志地方标准(见图3-1)。

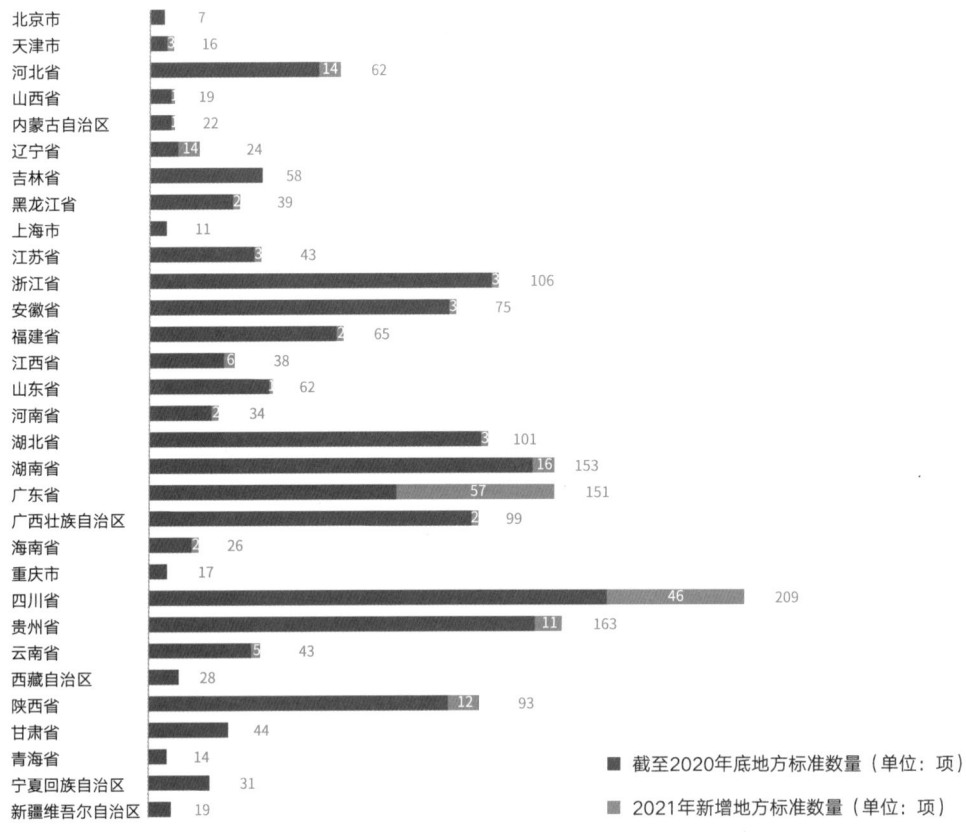

图 3-1 截至 2021 年底各省(自治区、直辖市)地理标志地方标准数量

3.2.4 加强地理标志保护标准协调配套

2021 年，新制定发布 370 项地理标志团体标准。截至 2021 年底，累计已制定发布 717 项地理标志团体标准（见图 3-2）。

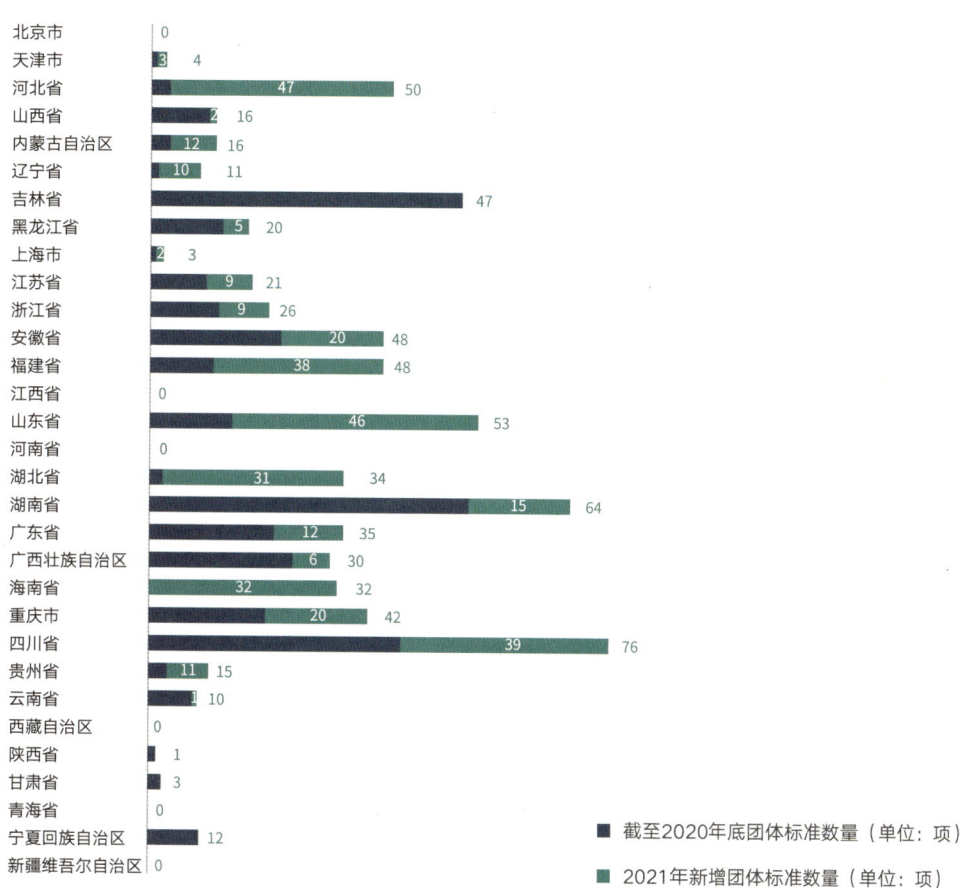

图 3-2　截至 2021 年底各省（自治区、直辖市）地理标志团体标准数量

3.3　持续加大地理标志保护力度

3.3.1　地理标志行政保护案件信息

2021 年，地理标志行政保护案件共结案 1416 件，涉案金额共计 927.95 万元，罚没金额共计 1302.27 万元；审结案件中，地理标志产品结案量占 36.30%，涉案金额达 218.48 万元，罚没金额达 645.66 万元；集体商标、证明商标结案量

占 63.70%，涉案金额达 709.47 万元，罚没金额达 656.61 万元（见图 3-3，图 3-4，图 3-5）。

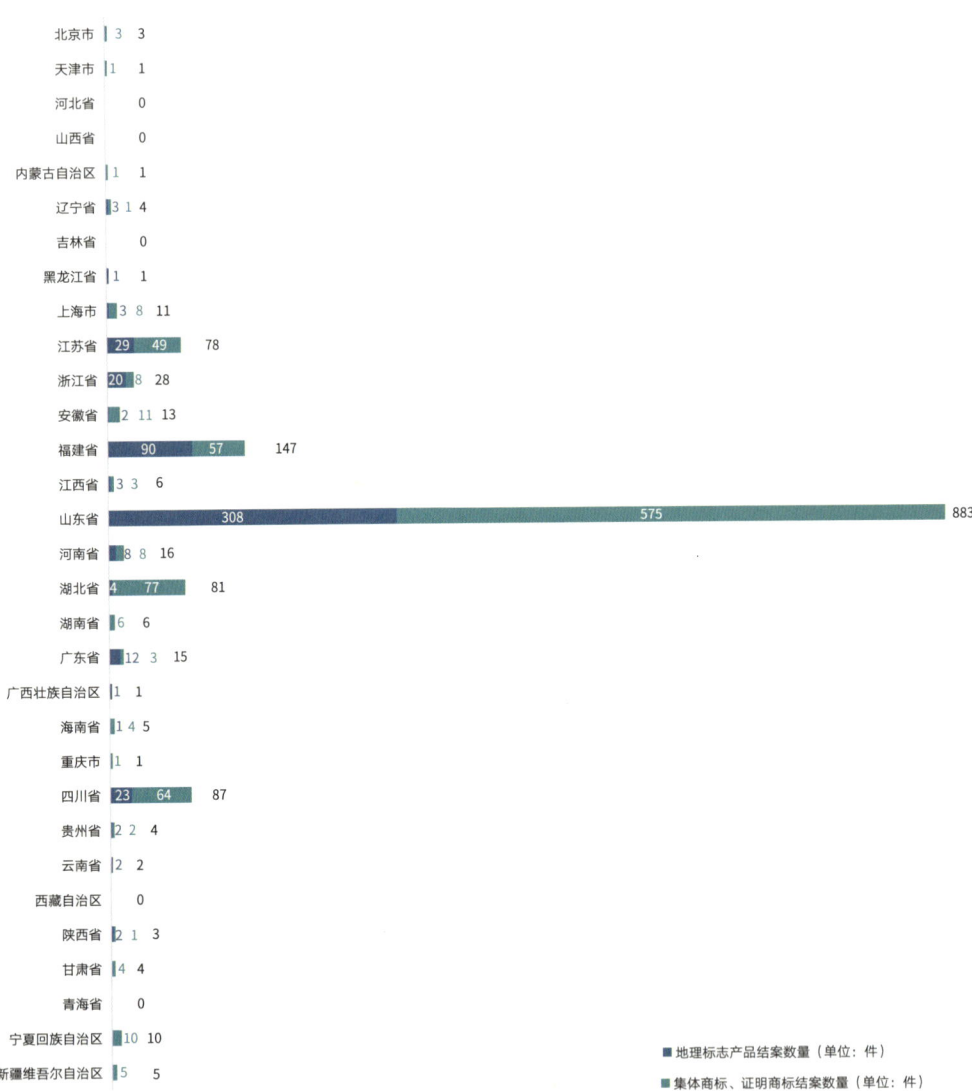

图 3-3　2021 年各省（自治区、直辖市）地理标志结案数量

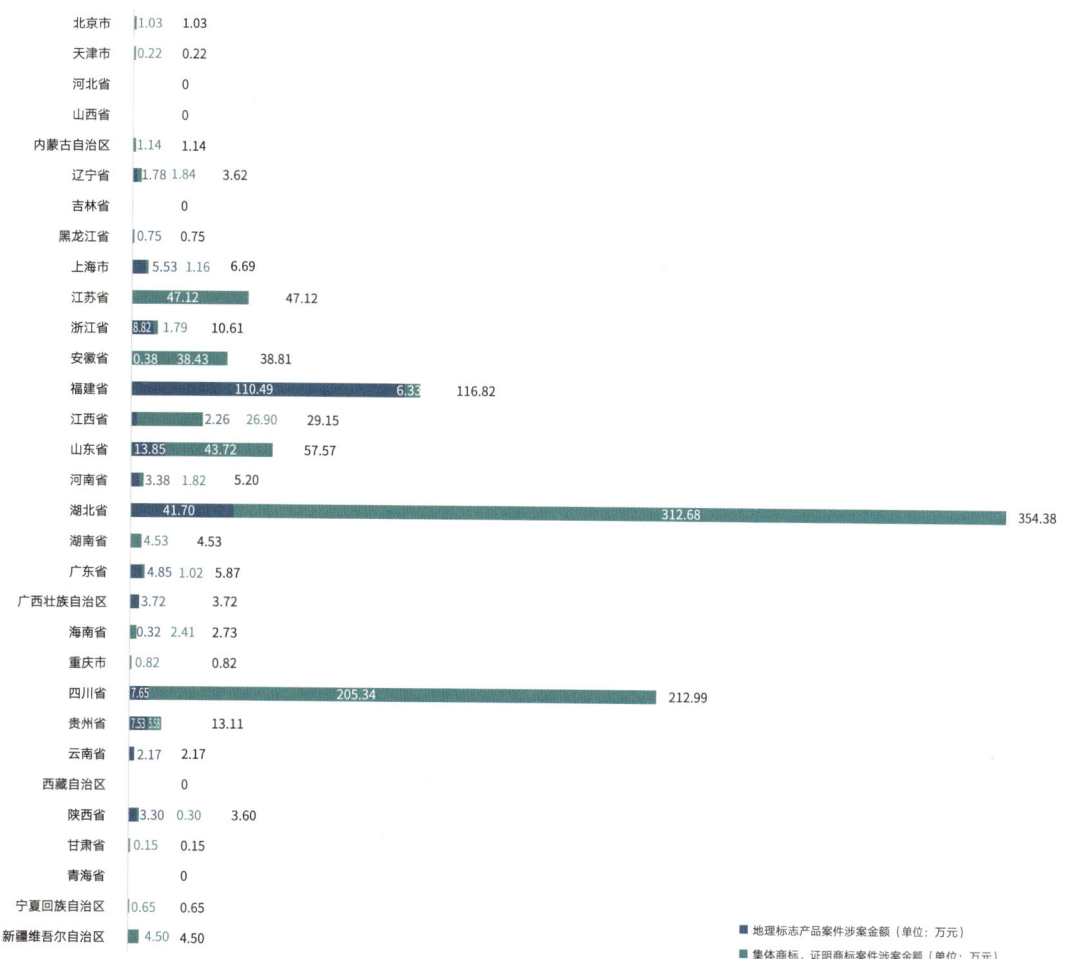

图 3-4　2021 年各省（自治区、直辖市）地理标志案件涉案金额

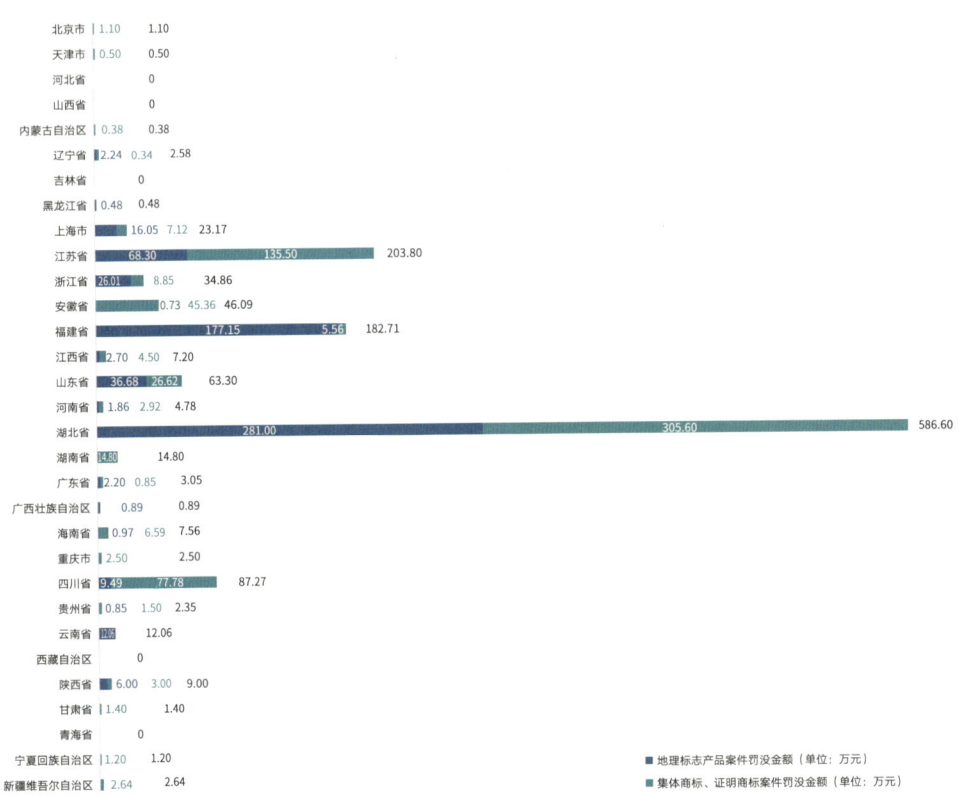

图 3-5　2021 年各省（自治区、直辖市）地理标志案件罚没金额

3.3.2　2021 年地理标志行政保护典型案例

2022 年 4 月，国家知识产权局发布 2021 年度知识产权行政保护典型案例，其中，地理标志行政保护典型案例 4 件（见附录 14），涉及《中欧地理标志协定》第一批清单产品波尔多葡萄酒集体商标等，案件类型主要为查处擅自使用地理标志产品名称，侵犯集体商标、证明商标专用权。典型案例在彰显行政保护的高效快捷、跨区域执法协作、知识产权协同保护等方面具有较高的代表性、关注度和影响力，展现了近年来我国在积极履行国际条约，全面加强知识产权保护，持续优化创新和营商环境等方面取得的成就。

3.4　开展地理标志专用标志使用核准改革试点

3.4.1　探索开展地理标志领域"放管服"改革试点

为深入贯彻落实国务院有关"放管服"改革要求，探索建立地理标志产品专用标志使用核准工作体系，加强对专用标志使用的监督管理，形成可复制、可推广的工作模式，根据《国家知识产权局办公室关于确定地理标志保护产品专用标志使用核准改革试点地方的通知》（国知办函保字〔2019〕1105号）和《国家知识产权局办公室关于同意开展地理标志保护产品专用标志使用核准改革试点工作的函》（国知办函保字〔2019〕789号），确定在北京市、河北省、黑龙江省、江苏省、安徽省、福建省、广东省、四川省、贵州省、云南省、陕西省、海南省12个地方开展地理标志专用标志使用核准改革试点。2021年，地理标志专用标志使用核准改革试点省份新核准1412家市场主体使用地理标志专用标志，试点期间累计核准1963家市场主体使用地理标志专用标志（见图3-6）。

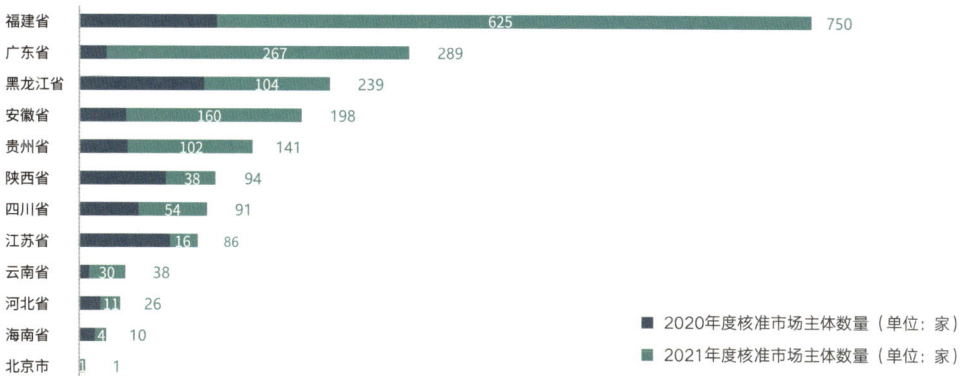

图3-6　2020—2021年地理标志专用标志使用核准改革试点核准市场主体数量

3.4.2 第一批地理标志保护产品专用标志使用核准改革试点典型经验做法

在试点期间，有关地方在完善地理标志产品专用标志使用核准工作体系、高效完成地理标志产品专用标志使用核准工作、强化地理标志产品专用标志使用监管力度、提高地理标志产品专用标志使用核准工作支撑水平等方面取得明显成效，形成了一批典型经验做法（见附录15）。

3.5 推进国家地理标志产品保护示范区建设

3.5.1 国家地理标志产品保护示范区建设总体安排

国家知识产权局积极推进国家地理标志产品保护示范区建设，发挥国家地理标志产品保护示范区建设对于提升地理标志保护水平、促进区域经济发展、服务国际贸易与对外合作、支撑乡村振兴和精准扶贫等方面的示范引领作用。2020年9月，全国评比达标表彰工作协调小组办公室发布《全国创建示范活动保留项目目录（第二批）》，将"国家地理标志产品保护示范区"列入示范活动保留项目目录。《"十四五"知识产权保护和运用规划》和《地理标志保护和运用"十四五"规划》中提出，国家知识产权局将在"十四五"期间建成100个国家地理标志产品保护示范区。

3.5.2 2021年国家地理标志产品保护示范区筹建情况

2021年8月27日，国家知识产权局办公室印发《关于确定2021年国家地理标志产品保护示范区筹建名单的通知》（国知办函保字〔2021〕767号），确定筹建50个国家地理标志产品保护示范区，这些示范区主要呈现出以下特点：一是地域代表性强，包括西湖龙井、五常大米等46个单一产品示范区，以及陕西富平、四川汉源等4个综合示范区，分布在29个省份；二是保护种类多，示范区域内地理标志涵盖初级农产品、加工食品、道地药材和手工艺品等多个类别；三是知名度高，遴选库尔勒香梨、霍山石斛、汝瓷等久负盛名、家喻户晓的地理标志进行保护示范，其中，33个地理标志列入《中欧地理标志协定》；四是综合效益高，示范区域内地理标志专用标志使用企业2444家，直接年产值达1300亿元，产品附加值高；五是聚焦乡村振兴，覆盖18个中西部省份，涵盖26个国家乡村振兴重点帮扶县、国家扶贫开发工作重点县、集中连片特困地区以及"三区三州"，助力巩固拓展脱贫攻坚成果同乡村振兴有效衔接。

截至 2021 年底，已批准筹建国家地理标志产品保护示范区共计 56 个（见图 3-7）。

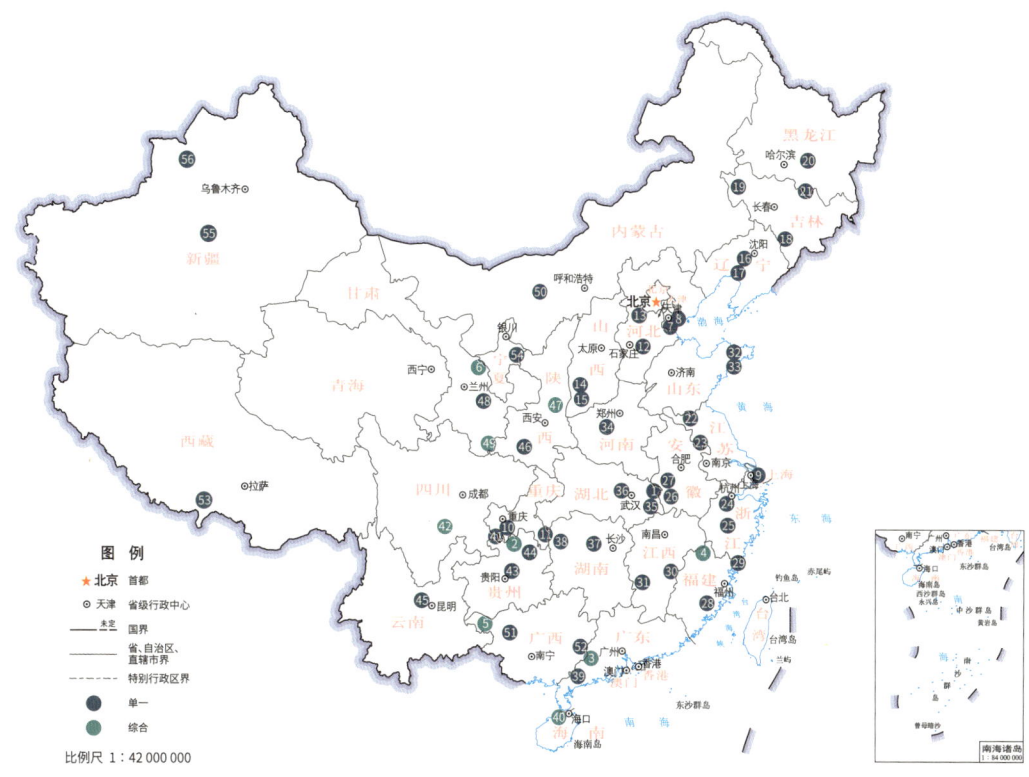

① 英山云雾茶国家地理标志产品保护示范区	⑳ 方正大米国家地理标志产品保护示范区	㊴ 化橘红国家地理标志产品保护示范区
② 国家地理标志产品保护示范区（贵州正安）	㉑ 五常大米国家地理标志产品保护示范区	㊵ 国家地理标志产品保护示范区（海南澄迈）
③ 国家地理标志产品保护示范区（广东罗定）	㉒ 邳州大蒜国家地理标志产品保护示范区	㊶ 合江荔枝国家地理标志产品保护示范区
④ 国家地理标志产品保护示范区（福建武夷山）	㉓ 盱眙龙虾国家地理标志产品保护示范区	㊷ 国家地理标志产品保护示范区（四川汉源）
⑤ 国家地理标志产品保护示范区（广西西林）	㉔ 西湖龙井国家地理标志产品保护示范区	㊸ 修文猕猴桃国家地理标志产品保护示范区
⑥ 国家地理标志产品保护示范区（甘肃靖远）	㉕ 金华火腿国家地理标志产品保护示范区	㊹ 凤冈锌硒茶国家地理标志产品保护示范区
⑦ 独流老醋国家地理标志产品保护示范区	㉖ 岳西翠兰国家地理标志产品保护示范区	㊺ 牟定腐乳国家地理标志产品保护示范区
⑧ 小站稻国家地理标志产品保护示范区	㉗ 霍山石斛国家地理标志产品保护示范区	㊻ 汉中仙毫国家地理标志产品保护示范区
⑨ 南汇水蜜桃国家地理标志产品保护示范区	㉘ 安溪铁观音国家地理标志产品保护示范区	㊼ 国家地理标志产品保护示范区（陕西富平）
⑩ 江津花椒国家地理标志产品保护示范区	㉙ 福鼎白茶国家地理标志产品保护示范区	㊽ 定西马铃薯国家地理标志产品保护示范区
⑪ 酉阳茶油国家地理标志产品保护示范区	㉚ 广昌白莲国家地理标志产品保护示范区	㊾ 国家地理标志产品保护示范区（甘肃武都）
⑫ 晋州鸭梨国家地理标志产品保护示范区	㉛ 狗牯脑国家地理标志产品保护示范区	㊿ 五原向日葵国家地理标志产品保护示范区
⑬ 涞水麻核桃国家地理标志产品保护示范区	㉜ 烟台苹果国家地理标志产品保护示范区	㊶ 百色芒果国家地理标志产品保护示范区
⑭ 吉县苹果国家地理标志产品保护示范区	㉝ 乳山牡蛎国家地理标志产品保护示范区	㊷ 六堡茶国家地理标志产品保护示范区
⑮ 万荣苹果国家地理标志产品保护示范区	㉞ 汝瓷国家地理标志产品保护示范区	㊸ 岗巴羊国家地理标志产品保护示范区
⑯ 新农寒富苹果国家地理标志产品保护示范区	㉟ 蕲艾国家地理标志产品保护示范区	㊹ 盐池滩羊国家地理标志产品保护示范区
⑰ 盘锦大米国家地理标志产品保护示范区	㊱ 京山桥米国家地理标志产品保护示范区	㊺ 库尔勒香梨国家地理标志产品保护示范区
⑱ 梅河大米国家地理标志产品保护示范区	㊲ 安化黑茶国家地理标志产品保护示范区	㊻ 精河枸杞国家地理标志产品保护示范区
⑲ 白城绿豆国家地理标志产品保护示范区	㊳ 保靖黄金茶国家地理标志产品保护示范区	

图 3-7 截至 2021 年底已批准筹建国家地理标志产品保护示范区分布

3.5.3 国家地理标志产品保护示范区建设验收情况

2021年12月,国家知识产权局发文批准成立龙安柚国家地理标志产品保护示范区和钧瓷国家地理标志产品保护示范区。指导示范区承担单位按照《国家地理标志产品保护示范区建设管理办法(试行)》,强化地理标志保护,深化地理标志管理改革,组织好示范区建设相关单位及示范区内的行业协会和生产企业,建立示范区建设管理长效机制。结合龙安柚和钧瓷地理标志保护工作实际,建立健全地理标志保护制度政策,构建协同保护工作格局,健全地理标志保护业务体系,完善特色质量保证、技术标准和检验检测体系,严厉打击地理标志侵权假冒行为,充分发挥示范区在提升地理标志产品竞争力、支撑乡村振兴、传承传统文化、服务外贸外交等方面的示范辐射与带动引领作用,不断提升地理标志保护对区域经济和社会发展的贡献。

截至2021年底,已建成国家地理标志产品保护示范区共计18个(见图3-8)。

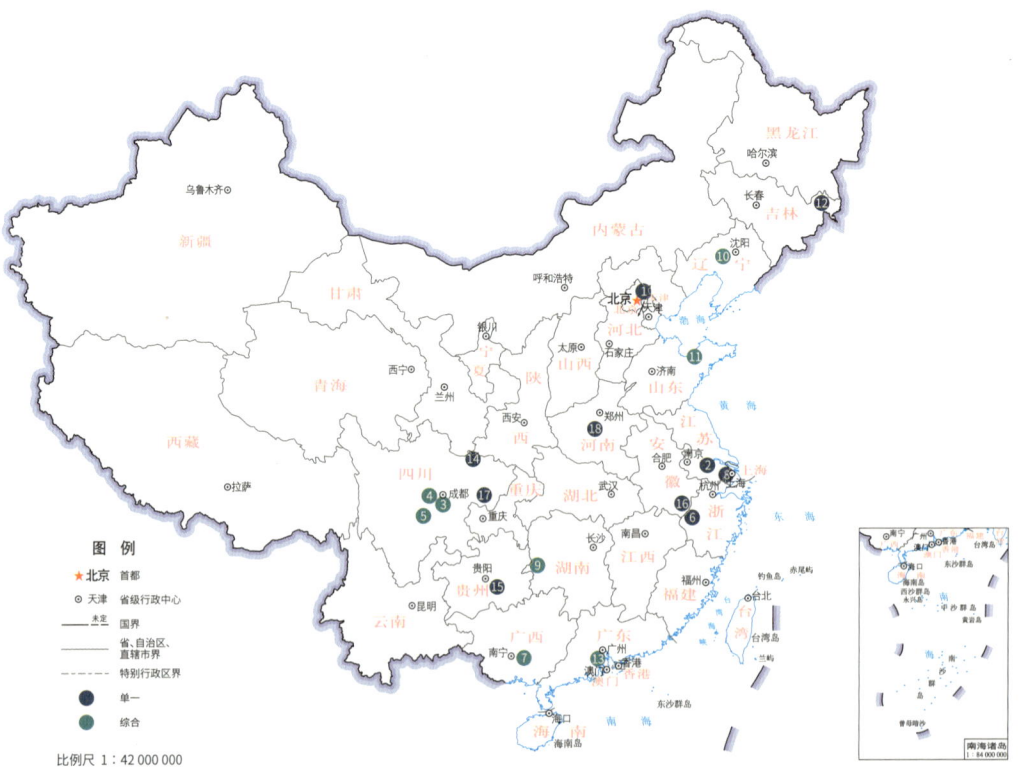

① 平谷大桃国家地理标志产品保护示范区　　⑦ 国家地理标志产品保护示范区(广西横县)　　⑬ 国家地理标志产品保护示范区(广东新会)
② 阳山水蜜桃国家地理标志产品保护示范区　　⑧ 仓桥水晶梨国家地理标志产品保护示范区　　⑭ 朝天核桃国家地理标志产品保护示范区
③ 国家地理标志产品保护示范区(四川双流)　　⑨ 国家地理标志产品保护示范区(湖南新晃)　　⑮ 都匀毛尖国家地理标志产品保护示范区
④ 国家地理标志产品保护示范区(四川郫县)　　⑩ 国家地理标志产品保护示范区(辽宁辽中)　　⑯ 太平猴魁茶国家地理标志产品保护示范区
⑤ 国家地理标志产品保护示范区(四川蒲江)　　⑪ 国家地理标志产品保护示范区(山东平度)　　⑰ 龙安柚国家地理标志产品保护示范区
⑥ 衢州椪柑国家地理标志产品保护示范区　　⑫ 吉林长白山人参地理标志产品保护示范区　　⑱ 钧瓷国家地理标志产品保护示范区

图3-8　截至2021年底已建成国家地理标志产品保护示范区分布

3.6 开展地理标志保护宣传培训

3.6.1 加强宣贯推介

推动在 2021 年中国国际服务贸易交易会、中国杨凌农业高新科技成果博览会、中国知识产权年会、粤港澳大湾区知识产权交易博览会等设立专业展区并举行推介会、研讨会，促进地理标志产品展示推介和产销对接。

3.6.2 强化政策培训

3.6.2.1 组织举办公益讲座

2020 年 7 月，通过网络课堂直播的形式进行《地理标志专用标志使用管理办法（试行）》宣贯解读，并制作播放配套宣贯动画视频，解答专用标志合法使用人义务、专用标志使用要求和标示方法、专用标志下载渠道以及建立保护监管体系等社会公众广泛关注的问题，为稳妥推进地理标志专用标志更换工作，提高公众对地理标志的认知度发挥了积极作用。

3.6.2.2 组织举办行政能力提升培训班

2020—2021 年，国家知识产权局连续两年在河北省张家口市崇礼区举办地理标志保护能力提升培训班。各省、自治区、直辖市知识产权管理部门从事地理标志保护工作的业务骨干等 1000 余人次通过线上和线下相结合的方式参加培训。

培训班课程设计理论结合实务，邀请相关领域专家围绕《中欧地理标志协定》解读等重点内容进行授课，推进中欧地理标志保护工作进一步取得成效。培训期间组织学员开展互动研讨，现场解析交流行政保护案件。

3.6.3 创新宣传方式

2021 年 4 月 26 日世界知识产权日来临之际，国家知识产权局与中共进行时、"中国好故事"数据库共同制作视频短片，推出《餐桌上的"地标"故事》，讲述《中欧地理标志协定》生效后，双方地理标志产品进入亿万家庭的故事，在全网播放量超过一亿次。

第四章 涉外保护

4.1 地理标志保护多双边合作

4.1.1 《区域全面经济伙伴关系协定》正式生效

历经 8 年、31 轮正式谈判，《区域全面经济伙伴关系协定》（RCEP）于 2020 年 11 月 15 日由印度尼西亚、马来西亚、菲律宾、泰国、新加坡、文莱、柬埔寨、老挝、缅甸、越南东盟十国及中国、日本、韩国、澳大利亚、新西兰 15 个国家正式签署。2022 年 1 月 1 日，RCEP 正式生效，文莱、柬埔寨、老挝、新加坡、泰国、越南 6 个东盟成员国和中国、日本、新西兰、澳大利亚 4 个非东盟成员国正式开始实施协定。

RCEP 的生效实施，标志着全球人口最多、经贸规模最大、最具发展潜力的自由贸易区正式落地，充分体现了各方共同维护多边主义和自由贸易、促进区域经济一体化的信心和决心，将为区域乃至全球贸易投资增长、经济复苏和繁荣发展做出重要贡献。

RCEP 由序言、20 个章节、4 个市场准入承诺表附件组成。其中，"第十一章 知识产权"包含 83 个条款和过渡期安排、技术援助 2 个附件，是 RCEP 内容最多、篇幅最长的章节，也是我国迄今已签署自贸协定纳入内容最全面的知识产权章节。地理标志在该章第四节，包含 7 个条款，具体规定了地理标志的保护、保护地理标志的国内行政程序、异议和注销的理由、复合用语、地理标志的保护日期、根据国际协定保护或承认地理标志、根据已缔结的国际协定保护或承认地理标志等内容。

4.1.2 《中欧地理标志协定》正式生效

2019年，习近平主席在同法国领导人会晤时，共同宣布了中欧地理标志协定谈判结束。2020年，习近平主席在同欧盟和德国领导人举行会晤时，中欧双方正式签署了《中欧地理标志协定》。2021年3月1日，《中欧地理标志协定》正式生效。该协定共14条、7个附录，主要规定了地理标志保护规则和地理标志互认清单等内容，纳入双方共550个地理标志（各275个），涉及酒类、茶叶、农产品、食品等。

该协定是我国对外商签的第一个全面的、高水平的地理标志双边条约。通过《中欧地理标志协定》，中欧双方首次大规模互认地理标志，约定受保护的地理标志可以使用对方的官方标志，有力促进了中欧双边贸易关系的发展，为中欧双方高品质地理标志进入对方市场提供了有力保障。根据该协定，安溪铁观音、五常大米等中国第一批100个地理标志在协定生效后立即获得欧盟的保护，可有效阻止仿冒等侵权行为的发生。

4.1.3 《中国国家知识产权局与法国农业和食品部、法国国家原产地和质量管理局关于农业和食品地理标志合作的议定书》正式签署

2019年11月6日，在习近平主席和法国总统马克龙的共同见证下，中法两国正式签署《中国国家知识产权局与法国农业和食品部、法国国家原产地和质量管理局关于农业和食品地理标志合作的议定书》（以下简称《议定书》）。国家知识产权局局长申长雨、法国农业部部长迪迪埃·纪尧姆及法国国家原产地和质量管理局局长玛丽·吉塔德分别代表两国地理标志主管部门在《议定书》上签字。《议定书》的签署标志着中法两国在农业和食品地理标志领域的合作关系开启了新篇章。

《议定书》的签署为两国在法律和实践层面进行充分交流提供了有力支撑，不仅有助于两国地理标志产品合作与推广，也有利于促进地方特色经济发展，推动双边经贸关系。截至2021年底，64个法国地理标志产品通过两国合作、中欧"10+10"地理标志互认互保试点和《中欧地理标志协定》等方式，在中国受到保护。

4.1.4 《中国国家知识产权局与泰王国知识产权厅关于知识产权合作的谅解备忘录》正式签署

2021年3月1日,国家知识产权局局长申长雨与泰国知识产权厅厅长乌提克莱·里维拉番通过视频会议,签署了《中国国家知识产权局与泰王国知识产权厅关于知识产权合作的谅解备忘录》,该备忘录整合了中泰两局在专利、商标、外观设计、集成电路布图设计和地理标志等多个知识产权领域的合作共识,为双方未来合作构建了总体框架。

在"一带一路"倡议、中国—东盟知识产权合作等框架下,中泰双方互动频繁,在地理标志领域建立了良好的合作关系。此次谅解备忘录的签署将进一步增进双方的相互理解,深化知识产权各领域的务实合作,从而促进中泰两国的经济发展,为增强区域活力和协作做出贡献。

4.2 国外地理标志在华保护

截至2021年底,共有24个国家的140个地理标志产品在我国受到保护,其中,欧盟产品134个,占95.7%;英国产品4个,占2.9%;美国和墨西哥的产品各1个,分别占0.7%。

4.2.1 欧盟地理标志产品在华保护情况

原产于欧盟的134个地理标志产品在华受到保护,涉及21个国家。其中,法国地理标志产品64个,意大利地理标志产品26个,西班牙地理标志产品12个,希腊、葡萄牙、德国地理标志产品各6个,爱尔兰、捷克、塞浦路斯地理标志产品各2个,丹麦、波兰、奥地利、芬兰、立陶宛、罗马尼亚、瑞典、斯洛伐克、斯洛文尼亚、比利时、荷兰和匈牙利地理标志产品各1个(见图4-1)。

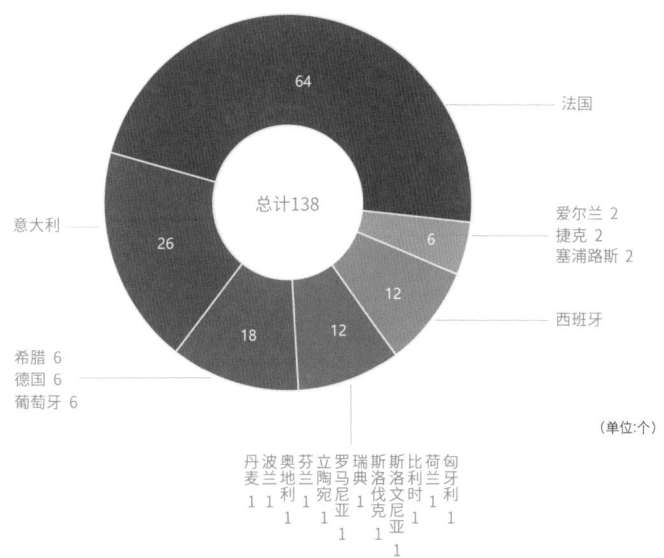

图 4-1 欧盟地理标志产品在华保护情况

在华受到保护的 134 个欧盟地理标志产品中，食用农林产品及食品 133 个，主要产品类别涉及酒类（110 个）、肉、乳及其制品（15 个）、食用植物油（4 个）、果蔬及其制品（3 个）、调味品（1 个）；非食用农林产品 1 个，产品类别为林木、花卉（见图 4-2）。

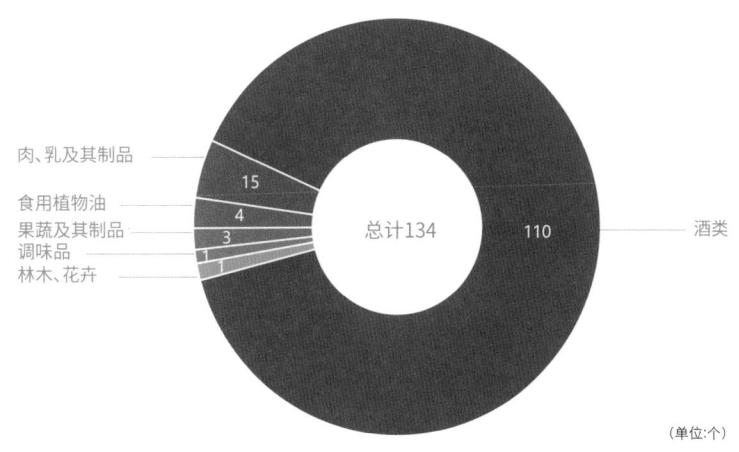

图 4-2 在华保护的欧盟地理标志产品分类

4.2.1.1 塞浦路斯

截至 2021 年底，原产于塞浦路斯的 2 个地理标志产品在华受到保护，产品类别均为烈酒。其中，乌佐茴香酒为塞浦路斯和希腊共有的地理标志产品。

序号	产品名称	原文名称	认定公告年份	备注
1	塞浦路斯鱼尾菊酒	Ζιβανία / Τζιβανία / Ζιβάνα / Zivania	2021 年	中欧互认第一批
2	乌佐茴香酒	Ούζο / Ouzo	2021 年	塞浦路斯、希腊 中欧互认第一批

4.2.1.2 捷克

截至 2021 年底，原产于捷克的 2 个地理标志产品在华受到保护，产品类别主要涉及啤酒（1 个）、其他产品（香料等）—啤酒花（1 个）。

序号	产品名称	原文名称	认定公告年份	备注
1	捷克布杰约维采啤酒	Českobudějovické pivo	2021 年	中欧互认第一批
2	萨兹啤酒花	Žatecký chmel	2021 年	中欧互认第一批

4.2.1.3 德国

截至 2021 年底，原产于德国的 6 个地理标志产品在华受到保护，产品类别主要涉及葡萄酒（3 个）、啤酒（2 个）、烈酒（1 个）。其中，仁内华为比利时、德国、法国和荷兰共有的地理标志产品。

序号	产品名称	原文名称	认定公告年份	备注
1	莱茵黑森葡萄酒	Rheinhessen	2021 年	中欧互认第一批
2	摩泽尔葡萄酒	Mosel	2021 年	中欧互认第一批
3	弗兰肯葡萄酒	Franken	2021 年	中欧互认第一批
4	慕尼黑啤酒	Münchener Bier	2021 年	中欧互认第一批
5	巴伐利亚啤酒	Bayerisches Bier	2021 年	中欧互认第一批
6	仁内华	Genièvre / Jenever / Genever	2021 年	比利时、德国、法国、荷兰 中欧互认第一批

4.2.1.4 丹麦

截至 2021 年底，原产于丹麦的 1 个地理标志产品在华受到保护，产品类别为奶酪。

序号	产品名称	原文名称	认定公告年份	备注
1	丹麦蓝乳酪	Danablu	2021 年	中欧互认第一批

4.2.1.5 爱尔兰

截至 2021 年底，原产于爱尔兰的 2 个地理标志产品在华受到保护，均为烈酒。

序号	产品名称	原文名称	认定公告年份	备注
1	爱尔兰奶油利口酒	Irish cream	2021 年	中欧互认第一批
2	爱尔兰威士忌	Irish whiskey / Irish whisky / Uisce Beatha Eireannach	2021 年	中欧互认第一批

4.2.1.6 希腊

截至 2021 年底，原产于希腊的 6 个地理标志产品在华受到保护，产品类别主要涉及葡萄酒（1 个）、烈酒（1 个）、油脂和脂肪（黄油、人造奶油、油等）—橄榄油（1 个）、新鲜或加工水果、蔬菜和谷物—食用橄榄（1 个）、天然树胶和树脂—咀嚼树胶（1 个）、奶酪（1 个）。其中，乌佐茴香酒为塞浦路斯和希腊共有的地理标志产品。

序号	产品名称	原文名称	认定公告年份	备注
1	萨摩斯甜酒	Σάμος / Samos	2021 年	中欧互认第一批
2	西提亚橄榄油	Σητεία Λασιθίου Κρήτης/ Sitia Lasithiou Kritis	2021 年	中欧互认第一批
3	卡拉马塔黑橄榄	Ελιά Καλαμάτας / Elia Kalamatas	2021 年	中欧互认第一批
4	希俄斯乳香	Μαστίχα Χίου / Masticha Chiou	2021 年	中欧互认第一批
5	菲达奶酪	Φέτα / Feta	2021 年	中欧互认第一批
6	乌佐茴香酒	Ούζο / Ouzo	2021 年	塞浦路斯、希腊 中欧互认第一批

4.2.1.7 西班牙

截至 2021 年底，原产于西班牙的 12 个地理标志产品在华受到保护，产品类别主要涉及葡萄酒（8 个）、烈酒（1 个）、油脂和脂肪（黄油、人造奶油、油等）—橄榄油（2 个）、奶酪（1 个）。

序号	产品名称	原文名称	认定公告年份	备注
1	里奥哈	Rioja	2021 年	中欧互认第一批
2	卡瓦	Cava	2021 年	中欧互认第一批
3	加泰罗尼亚	Cataluña	2021 年	中欧互认第一批
4	拉曼恰	La Mancha	2021 年	中欧互认第一批
5	瓦尔德佩涅斯	Valdepeñas	2021 年	中欧互认第一批
6	雪莉白兰地	Brandy de Jerez	2021 年	中欧互认第一批
7	蒙切哥乳酪	Queso Manchego	2021 年	中欧互认第一批
8	赫雷斯－雪莉／雪莉	Jerez / Xérès / Sherry	2021 年	中欧互认第一批
9	纳瓦拉	Navarra	2021 年	中欧互认第一批

续表

序号	产品名称	原文名称	认定公告年份	备注
10	瓦伦西亚	Valencia	2021年	中欧互认第一批
11	马吉那山脉	Sierra Mágina	2011年	中欧互认第一批
12	布列高科尔多瓦	Priego de Córdoba	2011年	中欧互认第一批

4.2.1.8 法国

截至2021年底，原产于法国的64个地理标志产品在华受到保护，产品类别主要涉及葡萄酒（57个）、烈酒（4个）、奶酪（2个）、新鲜或加工水果、蔬菜和谷物—李子干（1个）。其中，仁内华为比利时、德国、法国和荷兰共有的地理标志产品。

序号	产品名称	原文名称	认定公告年份	备注
1	波尔多山坡	Cotes de Bordeaux	2016年	
2	巴尔萨克	Barsac	2016年	
3	布拉伊	Blaye	2016年	
4	布拉伊 - 波尔多山坡	Blaye - Cotes de Bordeaux	2016年	
5	波尔多上伯诺日	Bordeaux Haut Benauge	2016年	
6	优级波尔多	Bordeaux Superieur	2016年	
7	布尔	Bourg	2016年	
8	布尔杰	Bourgeais	2016年	
9	卡迪亚克	Cadillac	2016年	
10	卡迪亚克 - 波尔多山坡	Cadillac - Cotes de Bordeaux	2016年	
11	卡农 - 弗龙萨克	Canon Fronsac	2016年	
12	卡斯蒂永 - 波尔多山坡	Castillon - Cotes de Bordeaux	2016年	
13	布拉伊山坡	Cotes de Blaye	2016年	
14	赛龙	Cérons	2016年	
15	波尔多山坡 - 圣马盖尔	Cotes de Bordeaux Saint-Macaire	2016年	
16	布尔山坡	Cotes de Bourg	2016年	
17	两海间，或者，两海之间	Entre-Deux-Mers	2016年	
18	两海间 - 上伯诺日，或者，两海之间 - 上伯诺日	Entre-Deux-Mers Haut-Benauge	2016年	
19	弗朗 - 波尔多山坡	Francs - Cotes de Bordeaux	2016年	
20	弗龙萨克	Fronsac	2016年	
21	优级格拉夫	Graves Superieures	2016年	
22	韦雷 - 格拉夫	Graves de Vayres	2016年	
23	上梅多克	Haut-Medoc	2016年	
24	拉朗德 - 波美侯	Lalande de Pomerol	2016年	

续表

序号	产品名称	原文名称	认定公告年份	备注
25	利斯特拉克-梅多克	Listrac-Medoc	2016年	
26	卢皮亚克	Loupiac	2016年	
27	吕萨克-圣埃米利永，或者，吕萨克-圣埃米利隆	Lussac Saint-Emilion	2016年	
28	蒙塔涅-圣埃米利永，或者，蒙塔涅-圣埃米利隆	Montagne Saint-Emilion	2016年	
29	慕里斯或者，慕里斯-梅多克	Moulis，Moulis-en-Medoc	2016年	
30	波尔多主山坡	Premières C?tes de Bordeaux	2016年	
31	普瑟冈-圣埃米利永，或者，普瑟冈-圣埃米利隆	Puisseguin Saint-Emilion	2016年	
32	苏玳，或者，索泰尔讷	Sauternes	2016年	
33	特级圣埃米利永，或者，特级圣埃米利隆	Saint-Emilion Grand Cru	2016年	
34	圣爱斯泰夫	Saint-Estephe	2016年	
35	圣乔治-圣埃米利永	Saint-Georges Saint-Emilion	2016年	
36	圣于连，或者，圣朱利安	Saint-Julien	2016年	
37	圣克鲁瓦蒙，或者，圣十字山	Sainte-Croix-du-Mont	2016年	
38	圣富瓦波尔多	Sainte-Foy Bordeaux	2016年	
39	阿尔萨斯	Alsace	2021年	中欧互认第一批
40	雅文邑	Armagnac	2021年	中欧互认第一批
41	博若莱	Beaujolais	2021年	中欧互认第一批
42	波尔多	Bordeaux	2015年	中欧互认第一批
43	勃艮第	Bourgogne	2021年	中欧互认第一批
44	卡尔瓦多斯	Calvados	2021年	中欧互认第一批
45	夏布利	Chablis	2021年	中欧互认第一批
46	香槟	Champagne	2013年	中欧互认第一批
47	教皇新堡	Châteauneuf-du-Pape	2021年	中欧互认第一批
48	干邑/干邑葡萄蒸馏酒/夏朗德葡萄蒸馏酒	Cognac / eau-de-vie de cognac / eau-de-vie des charentes	2009年	中欧互认第一批
49	孔泰（奶酪）	Comté	2011年	中欧互认第一批
50	普罗旺斯丘	Côtes de Provence	2021年	中欧互认第一批
51	罗讷河谷	Côtes du Rhône	2021年	中欧互认第一批
52	露喜龙丘	Côtes du Roussillon	2021年	中欧互认第一批
53	格拉夫	Graves	2016年	中欧互认第一批
54	朗格多克	Languedoc	2021年	中欧互认第一批
55	玛歌	Margaux	2016年	中欧互认第一批
56	梅多克	Médoc	2016年	中欧互认第一批

续表

序号	产品名称	原文名称	认定公告年份	备注
57	波亚克	Pauillac	2016 年	中欧互认第一批
58	奥克地区	Pays d'Oc	2021 年	中欧互认第一批
59	佩萨克－雷奥良	Pessac-Léognan	2016 年	中欧互认第一批
60	波美侯	Pomerol	2016 年	中欧互认第一批
61	阿让李子干	Pruneaux d'Agen / Pruneaux d'Agen mi-cuits	2011 年	中欧互认第一批
62	洛克福（奶酪）	Roquefort	2011 年	中欧互认第一批
63	圣埃米利永／圣埃米利隆	Saint-Emilion	2016 年	中欧互认第一批
64	仁内华	Genièvre / Jenever / Genever	2021 年	比利时、德国、法国、荷兰 中欧互认第一批

4.2.1.9 匈牙利

截至 2021 年底，原产于匈牙利的 1 个地理标志产品在华受到保护，产品类别为葡萄酒。

序号	产品名称	原文名称	认定公告年份	备注
1	托卡伊葡萄酒	Tokaj	2021 年	中欧互认第一批

4.2.1.10 意大利

截至 2021 年底，原产于意大利的 26 个地理标志产品在华受到保护，产品类别主要涉及葡萄酒（14 个）、烈酒（1 个）、奶酪（7 个）、肉制品（烹制、腌制、熏制等）（3 个）、其他产品（香料等）—调味品（1 个）。

序号	产品名称	原文名称	认定公告年份	备注
1	摩德纳香醋	Aceto balsamico di Modena	2021 年	中欧互认第一批
2	艾斯阿格	Asiago	2021 年	中欧互认第一批
3	阿斯蒂	Asti	2021 年	中欧互认第一批
4	巴巴列斯科	Barbaresco	2021 年	中欧互认第一批
5	超级巴多利诺	Bardolino Superiore	2021 年	中欧互认第一批
6	巴罗洛	Barolo	2021 年	中欧互认第一批
7	布拉凯多	Brachetto d'Acqui	2021 年	中欧互认第一批
8	瓦特里纳风干牛肉火腿	Bresaola della Valtellina	2021 年	中欧互认第一批
9	布鲁内洛蒙塔奇诺	Brunello di Montalcino	2021 年	中欧互认第一批
10	圣康帝	Chianti	2021 年	中欧互认第一批
11	科内利亚诺瓦尔多比亚德尼－普罗塞克	Conegliano - Valdobbiadene-Prosecco	2021 年	中欧互认第一批

续表

序号	产品名称	原文名称	认定公告年份	备注
12	阿尔巴杜塞托	Dolcetto d'Alba	2021年	中欧互认第一批
13	弗朗齐亚科达	Franciacorta	2021年	中欧互认第一批
14	戈贡佐拉	Gorgonzola	2021年	中欧互认第一批
15	哥瑞纳－帕达诺	Grana Padano	2012年	中欧互认第一批
16	格拉帕酒	Grappa	2021年	中欧互认第一批
17	蒙帕塞诺阿布鲁佐	Montepulciano d'Abruzzo	2021年	中欧互认第一批
18	坎帕尼亚水牛马苏里拉奶酪	Mozzarella di Bufala Campana	2021年	中欧互认第一批
19	帕马森雷加诺	Parmigiano Reggiano	2021年	中欧互认第一批
20	佩克利诺罗马羊奶酪	Pecorino Romano	2021年	中欧互认第一批
21	帕尔玛火腿	Prosciutto di Parma	2012年	中欧互认第一批
22	圣达涅莱火腿	Prosciutto di San Daniele	2021年	中欧互认第一批
23	苏瓦韦	Soave	2021年	中欧互认第一批
24	塔雷吉欧乳酪	Taleggio	2021年	中欧互认第一批
25	托斯卡诺／托斯卡纳	Toscano / Toscana	2021年	中欧互认第一批
26	蒙特普齐亚诺贵族葡萄酒	Vino nobile di Montepulciano	2021年	中欧互认第一批

4.2.1.11 立陶宛

截至2021年底，原产于立陶宛的1个地理标志产品在华受到保护，产品类别为烈酒。

序号	产品名称	原文名称	认定公告年份	备注
1	立陶宛原味伏特加	Originali lietuviška degtinė / Original Lithuanian vodka	2021年	中欧互认第一批

4.2.1.12 奥地利

截至2021年底，原产于奥地利的1个地理标志产品在华受到保护，产品类别为油脂和脂肪（黄油、人造奶油、油等）—南瓜籽油。

序号	产品名称	原文名称	认定公告年份	备注
1	施泰尔南瓜籽油	Steirisches Kürbiskernöl	2021年	中欧互认第一批

4.2.1.13 波兰

截至2021年底，原产于波兰的1个地理标志产品在华受到保护，产品类别为烈酒。

序号	产品名称	原文名称	认定公告年份	备注
1	波兰伏特加	Polska Wódka / Polish Vodka	2021 年	中欧互认第一批

4.2.1.14　葡萄牙

截至 2021 年底，原产于葡萄牙的 6 个地理标志产品在华受到保护，产品类别主要涉及葡萄酒（5 个）、新鲜或加工水果、蔬菜和谷物（1 个）。

序号	产品名称	原文名称	认定公告年份	备注
1	阿兰特茹	Alentejo	2021 年	中欧互认第一批
2	杜奥	Dão	2021 年	中欧互认第一批
3	杜罗	Douro	2021 年	中欧互认第一批
4	西罗沙梨	Pêra Rocha do Oeste	2021 年	中欧互认第一批
5	波特酒	Porto / Port / Oporto	2021 年	中欧互认第一批
6	葡萄牙绿酒	Vinho Verde	2021 年	中欧互认第一批

4.2.1.15　罗马尼亚

截至 2021 年底，原产于罗马尼亚的 1 个地理标志产品在华受到保护，产品类别为葡萄酒。

序号	产品名称	原文名称	认定公告年份	备注
1	科特纳里葡萄酒	Cotnari	2021 年	中欧互认第一批

4.2.1.16　斯洛伐克

截至 2021 年底，原产于斯洛伐克的 1 个地理标志产品在华受到保护，产品类别为葡萄酒。

序号	产品名称	原文名称	认定公告年份	备注
1	托卡伊葡萄酒产区	Vinohradníckao blasť Tokaj	2021 年	中欧互认第一批

4.2.1.17　斯洛文尼亚

截至 2021 年底，原产于斯洛文尼亚的 1 个地理标志产品在华受到保护，产品类别为葡萄酒。

序号	产品名称	原文名称	认定公告年份	备注
1	多丽娜葡萄酒	Vipavska dolina	2021 年	中欧互认第一批

4.2.1.18　芬兰

截至 2021 年底，原产于芬兰的 1 个地理标志产品在华受到保护，产品类别为烈酒。

序号	产品名称	原文名称	认定公告年份	备注
1	芬兰伏特加	Suomalainen Vodka / Finsk Vodka / Vodka of Finland	2021 年	中欧互认第一批

4.2.1.19 瑞典

截至 2021 年底，原产于瑞典的 1 个地理标志产品在华受到保护，产品类别为烈酒。

序号	产品名称	原文名称	认定公告年份	备注
1	瑞典伏特加	Svensk Vodka / Swedish Vodka	2021 年	中欧互认第一批

4.2.1.20 比利时

截至 2021 年底，原产于比利时的 1 个地理标志产品在华受到保护，产品类别为烈酒，且为比利时、德国、法国和荷兰共有的地理标志产品。

序号	产品名称	原文名称	认定公告年份	备注
1	仁内华	Genièvre / Jenever / Genever	2021 年	比利时、德国、法国、荷兰 中欧互认第一批

4.2.1.21 荷兰

截至 2021 年底，原产于荷兰的 1 个地理标志产品在华受到保护，产品类别为烈酒，且为比利时、德国、法国和荷兰共有的地理标志产品。

序号	产品名称	原文名称	认定公告年份	备注
1	仁内华	Genièvre / Jenever / Genever	2021 年	比利时、德国、法国、荷兰 中欧互认第一批

4.2.2 英国地理标志产品在华保护情况

截至 2021 年底，原产于英国的 4 个地理标志产品在华受到保护，主要产品类别涉及烈酒（1 个）、鱼（1 个）、奶酪（2 个）。

序号	产品名称	原文名称	认定公告年份
1	苏格兰威士忌	Scotch Whisky	2010 年
2	西乡农场切德（奶酪）	West Country Farmhouse Cheddar	2011 年
3	苏格兰养殖三文鱼	Scottish farmed salmon	2011 年
4	斯提尔顿白奶酪 / 斯提尔顿蓝奶酪	White Stilton cheese / Blue Stilton cheese	2012 年

4.2.3 美国地理标志产品在华保护情况

截至 2021 年底，原产于美国的 1 个地理标志产品在华受到保护，产品类别为葡萄酒。

序号	产品名称	原文名称	认定公告年份
1	纳帕河谷（葡萄酒）	Napa Valley（Wines）	2012 年

4.2.4 墨西哥地理标志产品在华保护情况

截至 2021 年底，原产于墨西哥的 1 个地理标志产品在华受到保护，产品类别为烈酒。

序号	产品名称	原文名称	认定公告年份
1	龙舌兰酒（特其拉）	Tequila	2014 年

第五章 地方工作

5.1 北京市

5.1.1 地理标志保护机构设置

北京市知识产权局由知识产权保护处承担地理标志保护工作。

5.1.2 2021年主要地理标志工作

（一）夯实地理标志保护制度

2021年，北京市知识产权局制定了《关于进一步加强地理标志保护的指导意见》（京知局〔2021〕241号），深化地理标志管理改革、强化地理标志保护、提升地理标志领域治理能力，促进具有北京特色的自然人文资源优势转化为现实生产力，有力支撑经济高质量发展，形成北京地理标志工作发展新格局。依托"双打"工作领导小组和联席会议制度，与领导小组和各联席会议成员建立地理标志保护的协调配合机制，在打击侵犯地理标志知识产权方面进行密切协作。

（二）健全地理标志工作体系

2021年，北京市完善地理标志产品专用标志使用核准工作体系，制定北京市地理标志产品专用标志使用核准工作规范，加强对地理标志产品专用标志使用的监督管理，形成可复制、可推广的工作模式，为地理标志保护工作提供有效支撑。深化地理标志数据资源保护，健全地理标志保护体系，挖掘有发展潜力的地理标志。进一步加强地理标志工作的指导力度，支持符合条件的产品及时申报国家地理标志产品保护，引导和鼓励具有经济潜力的地理标志产品及时进行商标注册。同时，规范地理标志专用标志使用，确保产品特色质量，强化联合执法检查，从严从重从快打击违法行为，保护地理标志、商标等知识产权人的合法权利。

（三）加大地理标志保护力度

2021年，北京市形成由政府主导、企业自治、协会自律、部门监管、行政与司法保护并存的全面保护模式，综合运用监管手段，多角度加大地理标志保护力度。平谷区联合区果品办对辖区大桃及大桃包装箱销售主体进行联合检查。通州区对于冒用"张家湾葡萄（张湾葡萄）"的违法行为依法予以严厉查处。房山区对受保护区域外出现的使用"房山磨盘柿"地理标志名称的情况，综合运用协商、舆论、法律等手段打击各种冒用、滥用行为。延庆区推进"延庆香白杏""延庆国光苹果"地理标志专用标志使用工作，指导权利人加强地理标志产品追溯和质量控制，加强源头标准化、规模化建设，推动建立产销地联动保护机制。顺义区针对"牛栏山二锅头"等地理标志产品开展专项检查。

（四）强化地理标志专用标志使用监督管理

1. 地理标志专用标志使用监管制度机制建立情况

2021年，北京市在12345接诉即办和其他投诉举报方面，加强对地理标志的使用监管，畅通地理标志知识产权侵权的投诉举报渠道。制发《关于开展地理标志保护产品专用标志使用核准改革试点和地理标志专用标志换标工作的通知》《关于进一步加强地理标志保护的指导意见》等系列文件，制定《地理标志保护产品专用标志使用申请书》《关于使用地理标志专用标志单位名单的请示》《核验报告》《申请使用专用标志单位汇总表》《关于核准使用地理标志专用标志的公告》《地理标志专用标志使用登记备案》等文件材料。同时，对地理标志保护产品专用标志申请条件、流程进行规范，建立地理标志保护产品合法使用人台账，引导地理标志证明商标权利人做好商标授权使用备案。

2. 地理标志专用标志申请使用初审情况

2021年，北京市积极开展地理标志专用标志使用申请初审工作，缩短地理标志产品专用标志使用核准时间，提升了标志使用核准效率，新一批平谷大桃种植企业的地理标志专用标志使用申请已审批通过并报国家知识产权局备案。

3．地理标志专用标志使用主动监测和调查处理情况

2021年，平谷区在平谷大桃上市期6—9月份每月抽查检查一次，抽查检查比例100%，全区3家地理标志专用标志授权单位共计使用专用标志数量56000个，未发现违规使用问题。大兴区与农委开展跨部门双随机抽查，对辖区40家涉农企业进行双随机抽查检查。

（五）强化保护宣传

一是大力开展地理标志宣传活动，利用"4·26世界知识产权日"，在《中国知识产权报》、北京头条、《北京日报》等多家媒体对地理标志的发展进行了专题宣传报道；二是组织推动中国国际服务贸易交易会世界地理标志大会在京召开；三是举办线上线下地理标志培训活动，加强地理标志保护专业人才队伍建设；四是组织参加第28届杨凌农业高新科技成果博览会，展示和宣传地理标志在助力乡村振兴方面取得的成绩；五是制作《北京市地理标志产品手册》，以宣传推介北京市地理标志产品发展的成果，展示地理标志产品保护工作的实施成效，提高消费者对地理标志产品的关注度、认可度。

（六）加强合作共赢

在2021年3月生效的《中欧地理标志协定》中，北京市2个产品（牛栏山二锅头、北京鸭）入选第二批中欧"175+175"地理标志产品互认互保名录。向国家知识产权局提交两件地理标志产品的中、英文版的质量技术规范及相关翻译件，推动后续互认工作落实。指导地理标志商标权利人申请马德里商标国际注册，扩大保护范围、布局海外市场，指导更多有出口优势的地理标志产品积极参与国际互认和交流合作，推动地理标志企业运用国际规则参与国际市场竞争。

5.2 天津市

5.2.1 地理标志保护机构设置

天津市知识产权局由商标管理处承担地理标志保护工作。

5.2.2 2021年主要地理标志工作

（一）夯实地理标志保护制度

按照年度工作安排，印发《天津市知识产权局2021年商标管理重点工作安排》《天津市知识产权局关于进一步加强地理标志产品和商标兴农工作暨推动国家地理标志产品保护示范区建设工作的通知》，明确年度工作任务和工作目标，将地理标志作为助力乡村振兴的重要抓手，推进发展、管理、服务和保护工作。指导各区在用足用好现有地理标志、地理标志证明商标、集体商标的基础上，建立健全推动商标和地理标志发展的工作机制，发挥好地方政府、各相关部门、乡镇街道和村（居）委会、企业、协会、专业合作社的积极作用，加强法律法规和相关业务培训、加强咨询服务和行政指导，大力开展宣传引导工作，按照辖区地理标志产品和涉农产品发展情况，认真做好挖掘、培育、申报工作，指导发展一批地理标志和涉农商标，助力乡村振兴。

（二）健全地理标志工作体系

以独流老醋、小站稻被列入国家地理标志产品保护示范区筹建名单为契机，以落实《国家地理标志产品保护示范区建设管理办法》为抓手，指导两个筹建区制定示范区建设细化方案和工作推进计划，着力推进地理标志保护标准体系、检验检测体系和质量管理体系建立健全。两个示范区建设工作分别列入了辖区"十四五"规划，作为重点工作予以推动。在推动两个示范区建设工作的基础上，以点带面，推动各区坚持高质量发展、高标准管理、高水平保护的原则，推进地理标志产品的发展；结合日常宣传培训工作，进一步加大法律法规、政策措施的宣传培训，结合辖区实际开展针对性专项行动，切实保护地理标志产品品牌声誉，支持其做大做强。

（三）加大地理标志保护力度

按照年初工作安排和双打工作要求，积极配合组织开展地理标志保护专项行动。充分发挥市场监管综合执法优势，有效提升知识产权执法效能，不断加强地理标志侵权假冒违法行为的查处力度，组织市市场综合执法总队和各区局按照开展知识产权执法保护专项行动的要求，对本市销售的地理标志保护产品开展专项执法检查，进一步规范企业使用地理标志保护产品专用标志行为。此次行动聚焦关键环节，科学谋划、精准实施、务实高效、稳步推进，结合时令特点，确定以阳澄湖大闸蟹、七里海河蟹、小站稻等地理标志产品为重点检查对象，以大型商超、农贸市场、特许加盟店、海鲜餐饮店等地理标志产品集聚的经营主体为重点检查环节，以地理标志专用标志的用标情况为重点检查要点；通过商标网和综合监管系统查询，及时掌握地理标志所有人主体信息、商标注册信息的变化情况；采取网上巡查和实地检查相结合的方式，查看地理标志是否存在消费者投诉集中、网络虚假宣传、超出认定范围使用"地理标志"字样和标识的违法情况；注重以执法促普法，为检查对象答疑解惑，宣讲了地理标志相关法律法规和正确使用地理标志专用标志的意义、作用，引导企业积极、规范使用地理标志。此次行动共出动执法人员430余人次，开展网上巡查200余户，实地检查各类地理标志保护产品经营企业200余家，蓟州区查处销售侵犯福鼎白茶地理标志注册商标专用权的"白毫银针"茶饼案1件，罚款5000元。

（四）强化地理标志专用标志使用监督管理

1. 地理标志专用标志使用监管制度机制建立情况

按照地理标志专用标志使用的相关规定，建立与地理标志保护产品、地理标志证明商标权利人的联系，加强地理标志专用标志使用规定政策的宣传，对有需求使用地理标志专用标志的生产经营者，及时予以指导，形成良好的使用监管机制。规范日常地理标志的印刷、使用与管理。静海区为有效保护独流老醋等地理标志产品，依据《地理标志专用标志使用管理办法（试行）》，结合地理标志生产企业实际情况，进一步完善独流老醋、台头西瓜地理标志专用标志管理制度，通过地理标志质量检查验收、专人管理等方式，规范了地理标志印制销售行为，减少了侵权行为的发生，同时设立了"地理标志产品专用标志追溯台账"，对地理标志产品专用标志的印刷、发放、数量、使用情况进行全过程监督，使专用标志管理达到了制度化、规范化和程序化。

2. 地理标志专用标志申请使用初审情况

按照年度工作安排，把地理标志专用标志使用管理作为日常重点工作，严格依据专用标志使用管理办法和相关通知要求，积极落实市局、各区职责，严格落实程序、申请要件等。天津市现有地理标志产品、证明商标的专用标志使用尚有较大空间，下一步，将积极引导、加强指导，发挥好地理标志产品在乡村振兴中的积极作用。

3. 地理标志专用标志使用主动监测和调查处理情况

加强对专用标志使用企业的质量监管，严格规范使用地理标志产品专用标志，不定期开展普查和清理，及时发现、制止违反专用标志使用管理规定的行为，及时查处各种地理标志侵权违法行为，全力维护地理标志产品的声誉，提高地理标志产品保护效能和水平。静海区知识产权管理部门主动对接天津市产品质量监督检测技术研究院，完善地理标志产品检测体系，进一步熟悉产品标准、完善检测设备、提升检测手段，2021年先后抽检调味品234批次，其中，流通环节179批次，生产环节55批次，经检测，合格率为100%。

（五）强化保护宣传

积极开展"3·15国际消费者权益日"、"4·26世界知识产权日"宣传和"5·10中国品牌日"相关工作。在"3·15"和"4·26"期间，组织各区局开展多种形式的宣传活动。静海区深入挖掘独流老醋传承历史文化，建立配套的醋文化展示厅，促进独流老醋酿造产业和旅游产业的融合，2021年，独流老醋酿造技艺被列入第五批国家级非物质文化遗产代表性项目名录扩展项目名录，2021年经专家评审、技术机构测评、品牌评价发布工作组审定，地理标志区域品牌"独流老醋"评价价值达到7.89亿元。

（六）加强合作共赢

在2021年3月生效的《中欧地理标志协定》中，天津市1个产品（茶淀玫瑰香葡萄）入选第二批中欧"175+175"地理标志产品互认互保名录。下一步，天津市将按照国家知识产权局的工作部署和要求，积极推动地理标志产品的国际合作，推动特色地理标志产品走出国门，取得更大的发展。

5.3 河北省

5.3.1 地理标志保护机构设置

河北省市场监督管理局（知识产权局）由知识产权保护处承担地理标志保护工作。

5.3.2 2021年主要地理标志工作

（一）夯实地理标志保护制度

印发《2021年全省知识产权行政保护实施方案》（冀市监函〔2021〕127号），推进全省地理标志保护各项工作；转发国家知识产权局《关于进一步加强地理标志保护的指导意见》，提出构建打击侵权假冒立体网络，推动地理标志多角度全链条保护要求；指导涞水、晋州两地制定印发《涞水县创建"涞水麻核桃国家地理标志产品保护示范区"工作实施方案》《晋州市人民政府晋州鸭梨国家地理标志产品保护示范区三年创建工作实施方案》，建立具有鲜明特色的地理标志保护制度体系。

（二）健全地理标志工作体系

推动地理标志相关标准制定，落实地理标志产品生产者主体责任，提高地理标志产品生产者质量管理水平。推动生产地、流通地违法线索互联、监管标准互通、行政执法信息共享，促进对地理标志产品的一体化协同保护。

（三）加大地理标志保护力度

开展地理标志产品抽检工作。重点检查地理标志产品技术标准体系、质量保证体系和检验检测体系的建立和实施情况，地理标志产品名称、质量、产量、包装、标识等的使用管理情况，加强对地理标志产品生产环境、生产设备、产品的标准符合性等方面的监督管理，维护地理标志产品的特色质量和声誉。推进"涞水麻核桃国家地理标志产品保护示范区""晋州鸭梨国家地理标志产品保护示范区"创建工作。突出高水平保护、高标准管理、高质量发展的创建宗旨，认真贯彻执行国家知识产权局《关于进一步加强地理标志保护的指导意见》《国家地理标志产品保护示范区建设管理办法（试行）》，以"严、大、快、同、智"理念引领地理标志保护水平持续提高。

（四）强化地理标志专用标志使用监督管理

1. 地理标志专用标志使用监管制度机制建立情况

印发《2021年全省知识产权行政保护实施方案》，增强对地理标志违法行为的发现、收集和甄别能力；在商标印制、产品生产、流通等环节查处滥用、冒用、伪造地理标志专用标志和侵犯地理标志商标专用权的行为；加大监管和抽查，构建打击侵权假冒立体网络，推动地理标志多角度全链条保护。

2. 地理标志专用标志申请使用初审情况

2021年，继续推动地理标志产品专用标志使用核准试点改革，共核准专用标志使用人7家。

3. 地理标志专用标志使用主动监测和调查处理情况

制定下发《关于开展2021年地理标志产品质量监督抽查工作的通知》，对照认定地理标志保护产品公告的产品质量技术要求相关指标，组织抽查地理标志产品质量特色的符合性和一致性，监督抽查工作主要为获得地理标志保护产品专用标志的共 6 类地理标志产品，合计 36 批次的抽样和检验检测，抽检的 36 批次地理标志产品均为合格样品；安排部署各市局对地理标志产品进行监督检查，明确要求对检查出的问题要追查到底，处理到位，严格把控地理标志产品的质量关，加强对地理标志保护产品的规范管理，维护地理标志保护产品的特色质量和声誉。

（五）强化保护宣传

利用"4·26 世界知识产权日"等重要时段，组织开展集中宣传；各市对用标单位负责人进行地理标志专用标志使用管理培训；要求各市加强调查研究，充分挖掘地理标志资源和历史人文品牌效应，利用多种媒介，宣传地理标志保护的有关知识，进一步提高了政府部门、企业、协会、合作社及全社会积极参与地理标志保护的主观能动性，切实提升保护能力和水平。

（六）加强合作共赢

在 2021 年 3 月生效的《中欧地理标志协定》中，河北省 2 个地理标志产品（晋州鸭梨、沙城葡萄酒）入选第一批中欧"100+100"地理标志产品互认互保名录；5 个产品（隆化小米、张北马铃薯、肃宁裘皮、涉县柴胡、泊头鸭梨）入选第二批中欧"175+175"地理标志产品互认互保名录。

5.4 山西省

5.4.1 地理标志保护机构设置

山西省市场监督管理局（知识产权局）由知识产权保护发展处承担地理标志保护工作。

5.4.2 2021 年主要地理标志工作

（一）夯实地理标志保护制度

出台《晋城市全年推进知识产权强市建设行动方案》《沁水县地理标志商标专用标志使用管理办法（试行）》，提出构建知识产权大保护体系的思路和方法。

（二）健全地理标志工作体系

严格市场准入、质量保障、质量追溯，确保地理标志产品品质；建立沁水蜂蜜地理标志产品检测制度；确定地理标志产品的检测机构；建立生产过程档案，加强生产过程质量监管，由沁水县蜂业协会加强地理标志产品日常监管；地理标志产品每年定期组织 1—2 次专项抽查。建立沁水蜂蜜地理标志产品质量保障制度。通过建立政府负总责，职能部门负监管责任，新型养蜂合作社、加工企业、家庭蜂场负直接责任的三级责任制度，完善质量保障体系。建立沁水蜂蜜地理标志产品质量追溯制度。通过建立地理标志产品专用标志的申请、审查、检查、追溯识别，完善专用标志使用的追溯性建设。

大力推广"陵川连翘""陵川潞党参"规范化管护和规范化种植，实施中药材产业提质增效工程，持续发力两个品种的规范化基地建设。

（三）加大地理标志保护力度

建立侵权打假机制。注重整合各相关执法部门力量，组建联合执法队伍，定期不定期地开展打假维权活动，严厉打击地理标志侵权违法行为，重点是地理标志产品质量和地理标志专用标志使用情况。

（四）强化地理标志专用标志使用监督管理

有2家企业申请使用"陵川连翘""陵川潞党参"地理标志证明商标，使用许可于2021年8月24日备案成功，于2021年11月初下达专用标志下载口令。

（五）强化保护宣传

（1）为推进地理标志专用标志使用管理工作，知识产权周期间，深入协会进行送法上门，面对面地对协会和企业进行宣传，提高政府、行业协会、加工企业、合作社、蜂场等培育地理标志品牌的意识，引导合法使用人积极、规范使用专用标志，提升地理标志资源使用效率。

（2）积极组织协会和企业参加地理标志使用相关培训。

（3）举办第五届"太行连翘节"。采用现场直播方式，全方位对中药材产业发展、重点龙头企业及其开发产品进行了两场直播推介，开幕式直播和药茶直播推介累计观看量分别达到了91万余人次和110万余人次，收到了良好的宣传效果。

（4）为规范连翘采收秩序，维护"陵川连翘"国家地理标志品牌声誉，每年及时发布《关于严禁连翘抢青采收的通告》，并在电视台等媒介发布。

（六）加强合作共赢

在2021年3月生效的《中欧地理标志协定》中，山西省2个地理标志产品（山西老陈醋、吉县苹果）入选第一批中欧"100+100"地理标志产品互认互保名录；1个产品（戎子酒庄葡萄酒）入选第二批中欧"175+175"地理标志产品互认互保名录。在条件具备的情况下，积极鼓励省内地理标志产品拓展海外市场，鼓励协会健全涉外地理标志保护机制、积极参与地理标志互认互保国际合作。

5.5 内蒙古自治区

5.5.1 地理标志保护机构设置

内蒙古自治区市场监督管理局（知识产权局）由知识产权保护处承担地理标志保护工作。

5.5.2 2021年主要地理标志工作

（一）夯实地理标志保护制度

2021年，内蒙古自治区知识产权保护部门认真贯彻落实中共中央办公厅、国务院办公厅《关于强化知识产权保护的意见》，紧紧围绕"守住安全底线、聚焦民生关切、服务发展大局"三大目标，牢固树立保护知识产权就是保护创新的理念，进一步加强地理标志保护工作。

推进地理标志保护工作顺利开展，建立健全地理标志制度机制。高度重视各盟市地理标志保护工作，组织盟市制定相关管理办法，建立健全地理标志保护产品产业协会，实施地理标志申请、注册、使用、监管等工作一站式管理策略。鼓励各盟市进行地理标志品牌宣传、培育和保护，充分发挥地理标志在做强产业特色、引领品牌升级、助力精准扶贫和促进乡村振兴中的作用。根据国家知识产权局《地理标志专用标志使用管理办法》要求，制定相关制度，指导盟市有序开展地理标志领域的标准化工作。鼓励企业建立和完善生产技术、工艺流程、质量控制等各环节的企业标准，进一步完善自治区地理标志保护制度机制。

（二）健全地理标志工作体系

1. 完善特色质量保证体系

落实地理标志产品生产者主体责任，提高地理标志产品生产者质量管理水平。支持和鼓励地理标志专用标志合法使用人应用过程控制、产地溯源等先进管理方法和工具，加快建立以数字化、网络化、智能化为基础的地理标志特色质量保证体系，有效支撑地理标志高质量发展。

2. 强化检验检测体系

鼓励有条件的地理标志产品产地建设专业化检验检测机构，畅通政府部门、行业协会等采信检验检测结果的信息渠道。完善专业化地理标志检验检测服务网点建设，不断满足消费市场需求，为消费者提供权威、可靠的专业技术服务。鼓励第三方检测机构为地理标志保护提供数据和技术支持。

（三）加大地理标志保护力度

1. 开展保护商标、专利、地理标志执法专项行动

向各盟市市场监管局（知识产权局）印发《内蒙古自治区市场监管局、知识产权局关于印发2021年度全区知识产权执法保护专项行动方案的通知》，严厉查处商标、专利、地理标志等侵权假冒违法行为，各地突出以地理标志保护产品和作为集体商标、证明商标注册的地理标志为重点，加强执法检查，依法查处违反使用管理规定的行为。年内查处侵犯"丰镇月饼"地理标志商标案件1件，罚没金额0.38万元；查处涉及地理标志产品"西旗羊肉"侵权案件1件，取得良好效果。

2. 开展2021年度国家地理标志产品保护示范区、传统知识产权保护试点县培育申报工作

年内，"五原向日葵"入选国家地理标志产品保护示范区筹建名单，通辽市开鲁县、阿拉善盟阿拉善右旗被确定为内蒙古传统知识产权保护试点县。

（四）强化地理标志专用标志使用监督管理

全区建立地理标志专用标志使用监管机制，地理标志专用标志使用过程中认真贯彻执行《地理标志专用标志使用管理办法》和国家知识产权局《关于做好地理标志专用标志使用管理的通知》精神。一是以地理标志产品和作为集体商标、证明商标注册的地理标志为重点，强化保护监管和执法指导，加强线上线下、区域内外协同监管执法，加大对地理标志侵权假冒案件的监管和查办力度。二是严格规范使用地理标志产品专用标志，开展了不定期普查和清理，及时发现、制止、查处擅自使用专用标志或近似标志，以及伪造、冒用或未按规定印制专用标志等行为，切实维护地理标志产品的声誉和品牌价值，提高地理标志保护效能和水平。三是建立健全地理标志专用标志使用监管体系，指派专人负责地理标志保护系统的信息录入及日常管理工作，及时掌握全区地理标志申请与使用情况并进行定期汇报。四是开展地理标志专用标志使用管理工作，在国家知识产权局地理标志保护数据管理系统中，对自治区地理标志保护产品与地理标志集体商标、证明商标进行相关材料补正工作，并指导、监督相关企业印制使用地理标志专用标志。指导企业制定技术规范，要求地理标志专用标志使用企业按照相关国家标准、地方标准、行业标准、团体标准严格规范生产，加强地理标志产品的保护工作。2021年完成

全区 61 家地理标志保护产品企业和 108 家地理标志证明商标企业地理标志专用标志换标工作。同时，不断完善地理标志数据保护管理系统信息，将自治区 29 件地理标志保护产品和 176 件地理标志证明商标的相关数据全部纳入管理系统，做到信息同步、动态监管，共享服务、同步完善。

（五）强化保护宣传

一是扎实开展"知识产权宣传周"活动。各地结合工作职能，广泛宣传地理标志保护相关法律法规，发放宣传资料，现场受理投诉，发布典型案例等。二是深入开展"知识产权服务万里行"活动。自治区知识产权局联合呼和浩特市、包头市、兴安盟、鄂尔多斯市、阿拉善盟知识产权局深入企业、产业园区和专业市场等，精准对接帮助企业解决在地理标志保护等方面的问题和需求，助力企业创新创业和高质量发展。三是加强地理标志保护业务培训。内蒙古自治区知识产权局及呼和浩特市、包头市、兴安盟、锡林郭勒盟、鄂尔多斯市、乌海市等盟市知识产权局先后采取"每周一课"、线上线下等形式举办地理标志保护法律法规培训班，并取得良好效果。

（六）加强合作共赢

在 2021 年 3 月生效的《中欧地理标志协定》中，内蒙古自治区 2 个地理标志产品（鄂托克阿尔巴斯山羊肉、扎兰屯黑木耳）入选第一批中欧"100+100"地理标志产品互认互保名录；3 个产品（阿拉善白绒山羊、阿拉善双峰驼、鄂托克螺旋藻）入选第二批中欧"175+175"地理标志产品互认互保名录。积极落实中欧地理标志保护与合作协定，推进列入第一批互认互保清单的两个地理标志产品在欧获得保护。

5.6 辽宁省

5.6.1 地理标志保护机构设置

辽宁省知识产权局由行政审批处承担地理标志保护工作。

5.6.2 2021 年主要地理标志工作

（一）夯实地理标志保护制度

辽宁省知识产权局联合辽宁省市场监督管理局印发了《辽宁省知识产权局 辽宁省市场监督管理局关于进一步加强地理标志保护的实施意见》，要求各市加强地理标志保护行政执法，将地理标志保护纳入年度执法保护行动，规范涉地理标志广告及产品外包装使用地理标志行为。发挥省打击侵犯知识产权和制售假冒伪劣小组的联动优势，加强与法院、公安、海关等部门的协调配合，积极推进"两法衔接"工作，在重点行业、重点领域，持续加大打击地理标志侵权违法行为的力度。

（二）健全地理标志工作体系

2021年，辽宁省知识产权局持续完善地理标志工作体系建设。一是组织业务培训，提升业务能力水平。组织开展辽宁省地理标志业务线上培训，围绕地理标志工作中的重点、常见问题和地理标志专用标准的制定等业务工作进行了讲解。二是推荐地理标志重点工程，推进乡村振兴工作。按照行动积极、成效突出、示范带动作用明显的条件，向国家知识产权局推荐"新农寒富苹果""盘锦大米""红崖子花生""岫岩玉""东港大米"和"营口大米"6个地理标志产品申报地理标志运用促进工作重点项目。三是加强地理标志产品保护，夯实区域品牌建设基础。向国家知识产权局申报了查海油松、周坨子葡萄地理标志产品保护申请材料。四是积极引导企业用标，支持地理标志品牌建设。经申报，辽宁省的"盘锦大米"和"新农寒富苹果"已获国家知识产权局批准筹建国家地理标志产品保护示范区。

（三）加大地理标志保护力度

为进一步加强知识产权保护力度，辽宁省知识产权局按照国家知识产权局的工作部署，印发了《2021年度辽宁省知识产权保护"亮剑护航"行动方案》，从工作目标、工作重点、推进措施和工作要求4个方面，对知识产权执法保护工作进行了部署。在工作重点中明确提出："加强地理标志领域知识产权保护。以我省纳入中欧地理标志保护与合作协定互认清单的地理标志产品为重点，施行地理标志清单式监管，加大对违法违规使用地理标志专用标志行为处罚力度。在地理标志保护机制下，做好我省道地药材标志保护。"

（四）强化地理标志专用标志使用监督管理

1. 地理标志专用标志使用监管制度机制建立情况

为加大地理标志保护力度，贯彻落实国家知识产权局、国家市场监督管理总局《关于进一步加强地理标志保护的指导意见》，认真履行地理标志专用标志使用管理主体责任，辽宁省知识产权局2021年开展了地理标志产品标准与实物符合性比对工作，加强地理标志专用标志使用行为监管。

2. 地理标志专用标志申请使用初审情况

以解决地理标志专用标志使用难点和堵点为突破口，积极组织各市局加大工作力度，引导相关企业积极申请地理标志专用标志用标使用。审核上报 21 件申请使用地理标志专用标志的产品和 144 件申请使用地理标志专用标志的集体商标、证明商标申请材料，经核准，109 家市场主体获得地理标志专用标志使用资格，全省用标市场主体达到 497 户，增长了 28.1%。

3．地理标志专用标志使用主动监测和调查处理情况

辽宁省知识产权局依据地理标志保护产品批准公告的质量技术以及制定的地理标志专用标准的相关要求，随机实地对 12 个地理标志产品进行了现场比对抽样，抽取了 18 家企业和专营店的 25 件产品样品，委托辽宁省食品检验检测院对样品进行检验，并出具了 25 份检验报告。

（五）强化保护宣传

辽宁省知识产权局高度重视宣传引导工作，按照年初工作部署，组织各级工商和市场监管部门开展宣传工作：一是利用"4·26 世界知识产权日"、世界地理标志大会等重要时间节点，在《中国知识产权报》、省内媒体、省局门户网站等多家媒体对全省地理标志情况进行了宣传报道；二是结合日常工作，充分利用报刊、广播、电视、互联网等各类新闻媒体，广泛宣传地理标志相关知识，各市知识产权管理部门陆续开展了地理标志业务培训等，有效地提升了地理标志的社会认可度；三是为加强地理标志运用与保护，辽宁省知识产权局组织开展了辽宁省地理标志直播节活动，通过互联网直播平台，运用新的销售模式，帮助地理标志产品生产市场主体拓宽销售渠道；四是积极支持省内优秀地理标志产品参加国内、国际展会，提高消费者对省内地理标志产品的关注度、认可度。

（六）加强合作共赢

在 2021 年 3 月生效的《中欧地理标志协定》中，辽宁省 6 个地理标志产品（辽中玫瑰、桓仁冰酒、红崖子花生、盘锦大米、岫岩滑子蘑、东港大黄蚬）入选第一批中欧"100+100"地理标志产品互认互保名录；4 个产品（北票荆条蜜、大连苹果、老龙口白酒、新农寒富苹果）入选第二批中欧"175+175"地理标志产品互认互保名录。

2021 年，辽宁省知识产权局按照国家知识产权局工作部署，积极落实《中欧地理标志协定》，指导"盘锦大米""新农寒富苹果"等地理标志产品运用与保护体系建设。结合辽宁省实际，支持省内优秀地理标志走向世界，这对于促进区域特色品牌发展将起到积极推动作用。

5.7 吉林省

5.7.1 地理标志保护机构设置

吉林省市场监督管理厅（知识产权局）由知识产权运用促进处（地理标志产品保护）、知识产权服务处（商标处）（作为集体商标、证明商标注册的地理标志）承担地理标志保护工作。

5.7.2 2021年主要地理标志工作

（一）夯实地理标志保护制度

围绕地理标志"标志—产品—品牌—产业"发展路径，结合吉林省地理标志保护工作特点，逐步建立地理标志保护制度机制，推动地理标志保护深入发展。

（二）健全地理标志工作体系

建立地理标志保护标准体系，支持和指导长白石、白城绿豆、吉林高粱酒3个地理标志产品获得地方标准制（修）订立项。完成扶余四粒红（花生）、榆树钱酒（榆树大曲）2个地理标志标准修订工作。

（三）加大地理标志保护力度

2021年9月上旬，印发了《关于开展地理标志保护产品标准符合性监督抽查专项行动的通知》（吉知产运用字〔2021〕3号），以吉林省产品质量监督检验院检测技术优势为支撑，以榆树钱酒、梅河大米、扶余四粒红、白城绿豆4个地理标志产品的18户生产企业为重点，按照"双随机、一公开"有关要求，组织开展了吉林省地理标志标准符合性专项抽查，产品合格率达到了100%。

（四）强化地理标志专用标志使用监督管理

1. 地理标志专用标志使用监管制度机制建立情况

逐步建立地理标志专用标志使用管理机制，规范企业合法、正确使用专用标志行为，不断提高产品知名度，扩大专用标志使用范围。

2. 地理标志专用标志申请使用初审情况

2021年，完成了对6户地理标志产品生产企业申请使用地理标志专用标志的初审工作。

3. 地理标志专用标志使用主动监测和调查处理情况

2021年9月初至9月中旬，开展了一次专项监督抽查，抽查比例为7%，共抽查 4 个地理标志产品的 18 户生产企业的产品。此次专项抽查发现有 6 户企业地理标志产品名称和专用标志的使用不规范，有 4 户企业没有建立地理标志专用标志使用管理台账，检查人员对存在以上问题的企业进行了现场帮助和指导改正。

（五）强化保护宣传

培育双阳梅花鹿、长白山矿泉水等吉林十大地理标志，制作吉林长白山天然矿泉水等 5 个地理标志保护产品公益宣传片。编制地理标志产品宣传和服务手册。组织参加 2021 年度中国知识产权报社宣传通联工作会议，参加经验交流和产品展示。完成《中国知识产权报》"多彩 GI"栏目约稿，宣传吉林长白山人参等地理标志产品。组织双阳梅花鹿等产品生产企业参加第 28 届中国杨凌农业高新科技成果博览会地理标志产品展。

（六）加强合作共赢

在 2021 年 3 月生效的《中欧地理标志协定》中，吉林省 1 个地理标志产品（白城绿豆）入选第一批中欧"100+100"地理标志产品互认互保名录；2 个产品（吉林长白山人参、露水河红松母林籽仁）入选第二批中欧"175+175"地理标志产品互认互保名录。

2021 年，加强对世界贸易组织 (WTO) 相关的《与贸易有关的知识产权协定》(TRIPs) 以及相关国家或地区的地理标志保护法律法规、涉外保护产品相关要求等相关政策的学习，进一步筑牢涉外地理标志产品保护与监管的业务基础。在政策条件允许的情况下，支持省内地理标志产品"走出去"，扩大地理标志的知名度和影响力，促进涉外地理标志产品保护及国际贸易合作新发展。

5.8 黑龙江省

5.8.1 地理标志保护机构设置

黑龙江省知识产权局由知识产权保护处承担地理标志保护工作。

5.8.2 2021 年主要地理标志工作

（一）夯实地理标志保护制度

联合黑龙江省市场监督管理局制定了《关于进一步加强地理标志保护的工作方案》，结合黑龙江省实际，从提高地理标志产品保护申请质量、优化地理标志保护扶持引导政策、推进地理标志保护产品专用标志使用核准改革试点、进一步完善特色质量保证体系、进一步提高标准化管理水平、加大地理标志行政执法力度、强化涉及地理标志的企业名称登记管理等八个方面提出措施，强化地理标志保护工作。

（二）健全地理标志工作体系

一是推进核准改革试点，充分发挥获准开展地理标志产品专用标志使用核准改革试点的优势，不断完善工作流程和规范，为省内符合条件的生产加工企业使用地理标志产品专用标志提供高效、便捷的审核服务。二是强化示范引领，积极申请并获准筹建五常大米、方正大米国家地理标志产品保护示范区，认真指导筹建单位制定工作方案，推进示范区建设。三是深化标准建设，积极推进地理标志产品地方标准制定工作，推动成立黑龙江省地理标志专业标准化技术委员会。

（三）加大地理标志保护力度

联合黑龙江省市场监督管理局组织开展2021年秋季地理标志保护专项行动，指导全省市场监管（知识产权管理）部门以粮油、蔬菜、畜禽、瓜果、水产品等省内外高知名度地理标志产品为重点，组织执法力量对辖区内大型商超、农贸市场、专卖店等重点区域进行排查，严厉打击地理标志领域违法行为。据初步统计，在2021年秋季地理标志保护专项行动中，全省共检查各类主体416户次，立案10件，已结案4件，罚没款2.4万元。

（四）强化地理标志专用标志使用监督管理

1. 地理标志专用标志使用监管制度机制建立情况

建立了地理标志专用标志使用行为"双随机、一公开"抽查检查制度，利用黑龙江省事中事后监管系统，以上一年12月31日前实有的地理标志专用标志使用企业为基数，确定抽查比例，随机抽取检查对象后派发属地市场监管部门进行检查，并将检查结果在企业信用信息公示系统、省知识产权局官网予以公开。

2. 地理标志专用标志申请使用初审情况

共完成9批次99户市场主体使用地理标志专用标志申请、4批次5户专用标志使用企业名称变更申请的核准工作，及时按要求向国家知识产权局进行备案。

3. 地理标志专用标志使用主动监测和调查处理情况

组织开展了2020年度地理标志专用标志使用行为抽查检查工作，以2020年

12月31日前经核准使用地理标志专用标志的合法使用人723户为基数（不包括已向国家知识产权局申请注销专用标志的企业），按照10%的抽查比例，利用黑龙江省事中事后监管系统随机抽取了72户企业进行检查，共发现7户企业存在问题，其中，企业已注销1户、企业名称发生变更1户、企业未组织生产1户、企业通过登记的住所（经营场所）无法联系4户。

针对以上7户企业存在的问题，作出如下处理：一是对于已注销企业，按规定向国家知识产权局申请注销地理标志专用标志；二是对于名称已变更企业，已责令属地市场监管部门组织企业办理地理标志专用标志变更手续，截至2021年底已核准变更申请发布公告并报国家知识产权局备案；三是对于其他5户企业，在开展2021年度地理标志专用标志使用情况报告工作时予以重点检查。

（五）强化保护宣传

举办了全省地理标志管理与保护业务培训，利用"视频会议+线上直播"的方式为全省各级知识产权管理部门及企业代表等540余人进行了培训与辅导。组织本省地理标志参加中国品牌价值评价活动，其中，"五常大米"品牌价值达到了703.27亿元，在全国农产品排行榜中位列第一。

（六）加强合作共赢

在2021年3月生效的《中欧地理标志协定》中，黑龙江省3个地理标志产品（肇源大米、五常大米、东宁黑木耳）入选第一批中欧"100+100"地理标志产品互认互保名录；5个产品（勃利红松籽、穆棱大豆、太保胡萝卜、佳木斯大米、饶河东北黑蜂蜂蜜）入选第二批中欧"175+175"地理标志产品互认互保名录。

5.9 上海市

5.9.1 地理标志保护机构设置

上海市知识产权局由知识产权保护处承担地理标志保护工作。

5.9.2 2021年主要地理标志工作

（一）夯实地理标志保护制度

制定发布《上海市知识产权强市建设纲要》《上海市知识产权局关于集体商标、证明商标（含地理标志）使用行为随机抽查的工作方案》《上海市电子商务知识产权保护工作若干意见（试行）》，加强地理标志事中事后监管，及时处理电子商务领域的地理标志纠纷，不断健全地理标志保护业务体系，加强地理标志专用标志使用监督管理体系建设，深入推进地理标志产品保护示范区创建工作。

（二）健全地理标志工作体系

一是指导区局对相关地理标志标准开展修订工作，年内完成"亭林雪瓜""马陆葡萄"的标准修订工作。

二是依据2021年《上海市知识产权局关于集体商标、证明商标（含地理标志）使用行为随机抽查的工作方案》要求，将地理标志保护纳入知识产权日常监管和"双随机、一公开"抽查工作，敦促企业按照地理标志的地方标准开展生产经营活动，加强地理标志侵权行为日常监督检查。

三是加强与检测服务机构的合作，定期对地理标志产品开展质量抽检工作，确保地理标志产品质量特色。

（三）加大地理标志保护力度

依据《上海市知识产权局关于集体商标、证明商标（含地理标志）使用行为随机抽查的工作方案》，积极开展2021年地理标志保护专项行动，落实地理标志双随机抽查工作，对市内地理标志持有者及使用单位全覆盖检查，严厉查处假冒、伪造侵犯地理标志证明商标违法行为，加大处罚力度。2021年本市共查处违法行为8起，罚款金额共计7.12万元。

（四）强化地理标志专用标志使用监督管理

1. 地理标志专用标志使用监管制度机制建立情况

一是加强制度建设，将地理标志产品的产地范围、质量等级、专用标志使用和产品标准符合性等纳入日常监督管理范围。二是为进一步规范地理标志专用标志使用，积极开展地理标志专项行动，要求企业按照标准开展生产经营活动。三是指导地理标志管理部门受理经营者提出的专用标志使用申请，并对生产经营者实施地理标志地方标准和使用专用标志情况的监督检查。四是推进和完善人巡、机巡、质巡、网巡地理标志日常监管工作模式，做到人巡查重点、机巡全覆盖、网巡控销售、质巡保品质。

2. 地理标志专用标志申请使用初审情况

上海市知识产权局积极根据相关标准做好地理标志专用标志申请使用初审工作，年内完成 41 家企业的地理标志专用标志使用申请的初步审核，1 家通过初审并已上报国家知识产权局。全年共指导 42 家商标使用企业备案使用地理标志专用标志。

3. 地理标志专用标志使用主动监测和调查处理情况

除开展日常巡查外，上海市以全力打响品牌特色为总体目标，重点开展地理标志专用标志使用情况检查、加强对地理标志保护和强化引导舆论宣传三方面工作。以各辖区内超市、大卖场、水果店等地理标志产品集中销售点为重点摸排对象，开展了保护地理标志专项行动，累计出动执法人员 777 人次，检查店铺 1147 户（包括线上经营 41 户），有力净化了市场销售环境。

此外，为进一步加强对地理标志专用标志的使用规范性、地理标志产品的品质和声誉的监管力度，年内开展 4 次地理标志专用标志使用抽查，出动执法人员 6 人次，检查使用单位 3 家，未发现相关违法行为。

（五）强化保护宣传

一是积极建立"市场监管局—市场监管所—商标品牌指导站—协会、服务中心"的日常沟通机制，开展地理标志专用标志使用情况日常监督检查与政策宣传工作，不断推进地理标志规范使用工作。

二是持续跟进，督促规范使用。推进地理标志专用标志更换工作，加强与农委信息互通，严格规范专用标志申报的审核程序和要求，强化地理标志专用标志使用监督管理。

三是走访座谈，开展经验交流，加强地理标志保护和运用，推动产业特色化、标准化，提升地理标志产品品质和附加值。

四是开展品牌推介活动，鼓励企业建立微信公众号等推介优质地理标志产品，在地理标志产品上市期利用《文汇报》等 10 余家媒体进行宣传。

（六）加强合作共赢

在中国（上海）国际技术进出口交易会、中国国际进口博览会等重要国际性展会期间，上海市知识产权局积极参与向国内外主要媒体宣传推介地理标志产品。结合"4·26"知识产权宣传周活动，牵头指导区局与地方政府合作拍摄专题宣传片。

5.10 江苏省

5.10.1 地理标志保护机构设置

江苏省知识产权局由产业促进处承担地理标志保护工作。

5.10.2 2021年主要地理标志工作

（一）夯实地理标志保护制度

加强地理标志工作的组织领导和政策引导，用好省知识产权和商标战略实施工作领导小组平台，加强与省农业农村厅等部门沟通协调，完善地理标志保护协作机制；加强对市县知识产权局的督促指导，明确责任分工，形成上下联动、分工负责的工作格局。制定出台《江苏省"十四五"知识产权发展规划》，将地理标志助力乡村振兴作为本省"十四五"知识产权发展规划的重要内容，明确实施地理标志惠农战略、打造"苏地优品"品牌等具体任务举措。出台知识产权促进和保护的省级地方性法规《江苏省知识产权促进和保护条例》，明确有关执法下放、重复侵权惩罚等举措，为提高地理标志保护水平提供法治保障。

（二）健全地理标志工作体系

指导镇江香醋、盱眙龙虾制定团体标准，推动相关行业协会和企业与检验检测机构建立合作关系，加强产品质量管控和流程规范。完善地理标志产品原料获取、生产加工、市场销售全流程电子化管理机制，推进二维码、防伪标签等质量追溯信息化手段应用，推动南京市、苏州市知识产权局制作发放43.4万枚新版地理标志专用标志，并开展地理标志产品追溯查询服务，受到企业好评。探索建立产品（服务）标准自我声明公开和监督制度，引导企业主动公开产品（服务）标准信息，自觉接受社会监督，增强企业自律管理。

（三）加大地理标志保护力度

推动将企业地理标志使用行为纳入"双随机、一公开"抽查计划，定期对主要农产品批发市场、大型超市涉及地理标志的商品进行检查抽查。加强对电商平台、物流、仓储等产品流通重点环节的监管，指导全省各级知识产权局建立电子商务企业及电商平台日常监管工作机制，加大网络侵权假冒行为查处力度，实施线上线下协同治理。指导有条件的单位积极申报国家地理标志产品保护示范区，邳州大蒜、盱眙龙虾成功入选筹建名单。南京市建成并试运行"南京地理标志产品追溯平台",强化地理标志统一管理和溯源监控。苏州市推动实施地理标志保险"凤凰水蜜桃"被侵权损失保险,保障金额200万元。

(四)强化地理标志专用标志使用监督管理

1. 地理标志专用标志使用监管制度机制建立情况

梳理完善试点工作组织方式和核准流程,印发《关于开展地理标志保护产品专用标志使用核准改革试点和地理标志专用标志换标准备工作的通知》和《关于做好新版地理标志专用标志更换工作的通知》,明确专用标志申请审核流程、使用管理要求等内容;制定《地理标志保护产品专用标志申请核准内部审查流程》,规范内部审查原则和程序,为试点工作开展提供依据。

2. 地理标志专用标志申请使用初审情况

指导申报人通过申报管理系统进行网上申报,按照申请核准流程开展受理、审查、公示等工作,确保试点工作程序规范、结果公开。2021年以来,共核准46家单位使用地理标志保护产品专用标志,并报国家知识产权局备案,累计核准数量达120家,覆盖18个地理标志产品。

3. 地理标志专用标志使用主动监测和调查处理情况

充分发挥12315热线投诉举报渠道作用,及时流转处办各类投诉举报,保障消费者和经营者合法权益。推动将企业地理标志使用行为纳入"双随机、一公开"抽查计划,按照5%的比例对主要农产品批发市场、大型超市中涉及地理标志的商品进行检查抽查。加强对地理标志使用情况的监控,严厉打击地理标志商标侵权、不规范使用地理标志专用标志等行为,形成从严执法的高压态势。累计开展地理标志使用情况抽查检查60余次,抽查合法使用人1300余家,各类场所120余个,查处案件15件。

(五)强化保护宣传

充分利用微信客户端、网站、"学习强国"等媒介平台宣传推介江苏优秀地理标志产品和典型经验。联合江苏省商标品牌研究中心、江苏省交广网举办"茶米飘香•地理标志助推乡村振兴"直播推介活动,推介雨花茶等优秀地理标志产品8件,带动销售351万元。配合省委改革办、江苏省电视台录制播出大型政策解读《黄金时间-改革政策e解读——"小地标大产业"》专题节目,受到广泛关注。组织邳州大蒜等地理标志产品参加中国杨凌农业高新科技成果博览会等展会活动,支持优秀地理标志产品不断拓宽市场。面向市县地理标志管理人员和相关协会、企业，组织十多场地理标志线上线下培训，累计参与人数达4000余人，有效提升了基层地理标志工作人员的业务水平。南京、扬州等地邀请地理标志专家开展政策解读，组织专家深入乡村，向农民传授地理标志专业知识，受到基层的一致好评。

（六）加强合作共赢

在2021年3月生效的《中欧地理标志协定》中，江苏省3个地理标志产品（邳州大蒜、兴化香葱、南京盐水鸭）入选第一批中欧"100+100"地理标志产品互认互保名录；6个产品[镇湖刺绣、雨花茶、洞庭（山）碧螺春茶、阳澄湖大闸蟹、盱眙龙虾、洋河大曲]入选第二批中欧"175+175"地理标志产品互认互保名录。

2021年，江苏省知识产权局积极推进长三角地区地理标志保护和运用协议落实，在完善合作机制、开展信息交流、强化协同保护等方面加强协作；指导淮安市牵头组建淮河生态经济带地理标志品牌保护联盟，推动淮河流域生态保护和地理标志产业一体化发展；加强与公安、法院、农业农村、商务等部门的工作联动，在职责衔接、公益诉讼、行业自律等方面形成监管合力。

5.11 浙江省

5.11.1 地理标志保护机构设置

浙江省市场监督管理局（知识产权局）由知识产权保护处承担地理标志保护工作。

5.11.2 2021年主要地理标志工作

（一）夯实地理标志保护制度

1. 省级层面出台4个地理标志保护文件

年初，出台《浙江省地理标志运用促进和保护工程三年行动计划（2021—2023年）》，构建具有浙江特色、全国领先的地理标志发掘、培育、保护工作框架。3月，发布《关于落实〈中欧地理标志协定〉做好地理标志保护工作的通知》，加强对欧盟相关地理标志产品的保护，加快浙江优质地理标志产品"走出去"。6月，联合省发改委印发《浙江省知识产权发展"十四五"规划》，确定了"十四五"时期地理标志保护有关内容。6月，发布《关于进一步加强地理标志保护的指导意见》，全省建立了地理标志资源培育梯队计划，强化地理标志品牌运作，做优地理标志产品质量，开展地理标志标准化建设。

2. 市级层面推动 2 项地理标志保护立法工作

杭州市通过了《杭州市西湖龙井茶保护管理条例》。《金华市金华火腿保护条例》立法工作已通过市政府常务会议审核，报市人大审定。

（二）健全地理标志工作体系

1. 开展溯源管理

将"浙江知识产权在线"地理标志库同"浙食链""浙品码"进行底层数据共享交换，打造地理标志产品从"原材料—制作—成品"的生产流程及流通数据全链条，确定在金华等 5 个地区开展试点。

2. 归集综合数据

全面梳理综合集成全省地理标志产品 116 件（其中 34 件产品累计 495 家企业申请用标）、地理标志集体商标 6 件、地理标志证明商标 272 件（其中 48 件证明商标累计 962 家企业申请用标）、国家标准 23 项、地方标准 106 项、团体标准 26 项。

3. 加大保护力度

8 月，"西湖龙井""金华火腿"获批国家地理标志产品保护示范区筹建。依托地理标志保护示范区建设，不断完善地理标志保护工作体系。组织开展 3 次专项行动，依法查处地理标志相关违法行为，成效显著。

（三）加大地理标志保护力度

1. 开展专项行动

部署开展"加强地理标志保护助力乡村振兴行动""西湖龙井专项整治行动""绍兴黄酒地理标志保护"等专项执法行动，检查地理标志生产企业、包装印刷企业和销售门店 1226 家，共查办地理标志案件 17 件。

2. 协同保护情况

联合公安部门查办"西湖龙井"系列案件，共查处假冒包材印刷厂 8 处、仓库 18 个，缴获假冒西湖龙井 5000 余斤，涉案金额 7000 余万元，移送公安机关 60 余件。台州市多部门实施跨区域协同作战，先后在绍兴、杭州、江苏盐城、广东汕头、珠海等地抓获生产销售假冒"三门青蟹"注册商标标识的犯罪团伙 15 人，捣毁厂家 1 家，查获外地销售假冒"三门青蟹"经营户 9 家，现场查获带有"三门青蟹"商标标识的捆扎带 632 大包约 380 万米，查获销售假冒的三门青蟹约

2800 吨，总涉案金额达 5 亿多元。

3. 典型案例情况

台州三门生产销售假冒"三门青蟹"证明商标标识案入选浙江省打击侵犯知识产权犯罪典型案例，杭州"3·18"特大假冒西湖龙井证明商标茶叶专案入选浙江省打击侵犯知识产权犯罪典型案例和浙江省 2021 年知识产权保护十大典型案例。

（四）强化地理标志专用标志使用监督管理

1. 地理标志专用标志使用监管制度机制建立情况

8 月 25 日，召开"全省地理标志保护工作视频会"，认真学习国家知识产权局、国家市场监督管理总局《关于进一步加强地理标志保护的指导意见》，明确了由知识产权保护处牵头建立、各地市参照省局执行的地理标志保护工作机制，建立了地理标志专用标志使用监管制度机制。

2. 地理标志专用标志申请使用初审情况

新核准使用地理标志产品专用标志的企业 111 家，新核准地理标志证明商标专用标志的企业 164 家。

3. 地理标志专用标志使用主动监测和调查处理情况

杭州对用标单位是否规范使用新标、有无擅自印制地理标志商标进行主动监测，检查生产企业、市场、商场、超市、专卖店 183 家次，立案 2 起。温州共检查地理标志专用标志使用主体 78 家，未发现违法使用专用标志情况。嘉兴检查各类交易场所 160 余家，要求责令整改 2 家。绍兴开展地理标志保护抽查检查 4 次，共对 15 家地理标志生产企业产品开展抽查检查，合格率为 100%。

（五）强化保护宣传

1. 积极开展典型案例发布工作

4 月 26 日，台州三门生产销售假冒"三门青蟹"证明商标标识案、杭州"3·18"特大假冒西湖龙井证明商标茶叶专案作为浙江省打击侵犯知识产权犯罪典型案例发布。10 月 13 日，杭州市公安局侦办的"3·18"制售假冒"西湖龙井"系列案作为浙江省 2021 年知识产权保护十大典型案例发布。

2. 积极开展政策法规宣贯工作

在"4·26 世界知识产权日"等各类宣传活动期间，大力宣传地理标志保护等相关法律法规，引导市场主体加强行业自律，提升群众知识产权保护意识，实现知识产权立体化保护。全省各级开展宣传培训 20 余次，参训人员 5 万余人。

3. 积极开展保护人才队伍培训

组织开展地理标志知识产权行政执法、司法保护等各类专题培训 20 余场，参训人员 1300 余人次，有效提高保护人员专业化水平。

（六）加强合作共赢

在 2021 年 3 月生效的《中欧地理标志协定》中，浙江省 7 个地理标志产品（安吉白茶、庆元香菇、嵊泗贻贝、绍兴酒、千岛银珍、泰顺三杯香茶、金华两头乌猪）入选第一批中欧"100+100"地理标志产品互认互保名录；10 个产品（径山茶、普陀佛茶、临海西兰花、遂昌竹炭、舟山三疣梭子蟹、舟山带鱼、金华火腿、文成粉丝、常山胡柚、文成杨梅）入选第二批中欧"175+175"地理标志产品互认互保名录。

2021 年 6 月，浙江省制定下发《关于落实〈中欧地理标志协定〉做好地理标志保护工作的通知》，重点指导安吉白茶、绍兴酒、泰顺三杯香茶等进入欧洲市场，推动地标产品国际化，近百家地理标志企业通过《中欧地理标志协定》受惠。

5.12 安徽省

5.12.1 地理标志保护机构设置

安徽省市场监督管理局（知识产权局）由知识产权保护处承担地理标志保护工作。

5.12.2 2021 年主要地理标志工作

（一）夯实地理标志保护制度

印发《关于大力推进国家地理标志产品保护示范区建设工作的通知》《关于进一步加强地理标志保护工作的通知》，为地理标志保护工作顺利推进奠定基础、提供指南。将地理标志工作纳入《安徽省知识产权强省建设纲要（2021—2035年）》《安徽省"十四五"知识产权发展规划》《安徽省知识产权保护办法》等省委、省政府有关政策、规划、项目加以推进；将地理标志作为重点工作在《安徽省2020—2021 年强化知识产权保护推进计划》《2021 年强化知识产权保护工作要点》《安徽省全面加强知识产权保护工作方案》《全面建设知识产权强省推动高质量发展行动方案》《安徽省知识产权保护工作检查考核办法》等文件中一并部署，为地理标志保护工作高质量发展提供了制度保证。

（二）健全地理标志工作体系

成立由省知识产权中心、省食品监督所、省质检院、省质标院、省局信息中心等直属单位组成的技术小组，负责地理标志产品质量检验检测、标准制定实施、信息化支持保障等工作。省局建立专家评审机制，下发了《关于公布入选安徽省知识产权专家库专家名单的通知》，根据需要随机抽组专家审核组，对地理标志产品及专用标志相关申报主体及申报材料进行书面和实地审核。加大地理标志标准制修力度，全年新增地理标志地方标准3个、团体标准20个；加大地理标志产品抽检力度，将地理标志产品用标企业纳入年度"双随机、一公开"抽检范围，为确保地理标志产品的技术标准和质量特色奠定了坚实基础。

（三）加大地理标志保护力度

在深入开展元旦、春节、中秋、国庆等重大节日及日常地理标志产品保护工作基础上，牵头开展年度"春茶地理标志保护"和"秋季地理标志保护"专项行动。建立安徽省春茶保护名录，将39个茶叶品种、779家企业纳入保护范围。2021年4月，在习近平总书记视察安徽金寨县大湾村五周年和第21个"世界知识产权日"之际，在该地举行了安徽春茶地标保护·茶产业质量提升宣传周（六安）启动仪式。在秋季地理标志保护专项行动期间，各级共派出7440人次深入企业、市场检查2623批次，检查企业4622家，检查市场营销点5153家，检查电子商务平台1022家。查处假冒省外"龙口粉丝"地理标志侵权案等案件13起，罚没金额及物品价值29.4万元，为地理标志保护提供了有力支撑。

（四）强化地理标志专用标志使用监督管理

1. 地理标志专用标志使用监管制度机制建立情况

根据《安徽省地理标志保护产品专用标志使用管理办法（试行）》《关于做好地理标志专用标志使用管理有关工作的通知》《安徽省新版地理标志专用标志更换工作指南》等，结合春茶及秋季地理标志保护专项行动，加大地理标志专用标志使用监管力度。

2. 地理标志专用标志申请使用初审情况

作为试点省份，安徽省通过县局严把核验关、市局严把审查关、省局严把核准关，确保了初审质量。县局初审、市局审查、省局审核的时间分别缩短至5天、3天和5天，比最初方案预期时间22天缩短了9天。全年核准用标企业128家，备案率及通过率达100%，受到了相关企业的普遍认可。

3. 地理标志专用标志使用主动监测和调查处理情况

2021年，安徽省共有64个地理标志产品被668家企业申请用标。分别在3、5、6、7、9、10月抽检26批次，共抽检272家用标企业，抽检合格257家，合格率为94.5%，对4个产品13批次抽检9个不合格的用标企业及时督导进行了整改。

（五）强化保护宣传

一是加强政策宣讲。2021年，省局知识产权保护处先后派人深入芜湖、蚌埠、黄山及怀远县委党校，宣讲地理标志保护相关知识和运用实务，受众人数达1000余人。二是加强品牌宣传。省局依托"发挥市场监管职能优势，助推安徽乡村振兴战略实施"等专题采访活动，组织数十家中央和地方媒体深入安庆、六安、铜陵和滁州等地，大力宣传六安瓜片、岳西翠兰、天柱山瓜蒌籽、铜陵白姜、滁菊等当地地理标志产品，为"金字招牌"着色添彩。三是加强品牌推介。在省知识产权局官网整理推送了全省84个地理标志产品特色展示窗口。推荐安徽省1217件次知名地理标志产品参加全国性相关博览会、产品展销会等展会。安徽省在全国首个地理标志展示推广中心——中国（合肥）地理标志展示推广中心（庐州坊），集中展示省内16个地市和长三角地区及全国范围内优质地理标志产品，着力提升地理标志品牌影响和竞争力。四是加强队伍建设。在省、市、县三级成立地理标志工作服务队，深入开展"我为群众办实事——地理标志'进田头、进企业、进农户'活动"，培养了一批地理标志保护专业人才队伍。

（六）加强合作共赢

在2021年3月生效的《中欧地理标志协定》中，安徽省3个地理标志产品（霍山黄芽、六安瓜片、高炉家酒）入选第一批中欧"100+100"地理标志产品互认互保名录；10个产品（霍山石斛、黄岗柳编、太平猴魁茶、黄山毛峰茶、舒席、岳西翠兰、宣纸、涡阳苔干、古井贡酒、霍邱柳编）入选第二批中欧"175+175"地理标志产品互认互保名录。

六安瓜片、霍山黄芽、霍山石斛、迎驾贡酒、南陵大米5件地理标志产品跻身2021年中国区域品牌（地理标志产品）价值评价百强榜，扩大了国内外影响。

5.13 福建省

5.13.1 地理标志保护机构设置

福建省市场监督管理局（知识产权局）由商标监督管理处承担地理标志保护工作。

5.13.2 2021年主要地理标志工作

（一）夯实地理标志保护制度

福建省局出台了《关于强化地理标志运用 促进地理标志产业高质量发展的指导意见》。漳州修改和完善《漳州市加快知识产权强市建设实施方案》，首次将地理驿站（展馆）项目补助资金、漳州智慧地标监管平台建设资金、地理标志产业参展及宣传经费等促进地理标志产业发展激励措施纳入市场财政预算。南平市出台《南平市统筹"茶文化、茶产业、茶科技"高质量发展意见》。福鼎市出台《福鼎市市场监督管理局关于规范福鼎白茶地理标志专用标志使用的通知》。平潭发布《平潭综合实验区关于鼓励扶持农产品"三品一标"发展认证奖励措施》。

（二）健全地理标志工作体系

制定发布《地理标志保护产品 茶口粉干》《地理标志产品 连江海带》等地方标准。新制定39件地理标志商标产品团体标准。修订《地理标志产品 政和白茶》国家标准、《地理标志产品 平潭水仙花》等标准。漳州市将2021年确定为"漳州市地理标志标准建设年"，全市全年新发布实施地理标志产品团体标准19项。安溪县完善2个国家级茶叶检测机构（国家茶叶质量监督检验中心、国家茶叶检测重点实验室）、2个国字号科技平台（泉州国家农业科技园区、国家茶叶质量安全工程技术研究中心）、1个茶树良种繁育基地的建设。福鼎市茶业协会联合宁德市市场监督管理局开展"标准入企"活动，定期开展生产过程合规性检查。武夷山制作武夷岩茶国家标准样品，制定了《武夷岩茶产品质量安全警示制度》。

（三）加大地理标志保护力度

部署开展地理标志专用标志使用规范化专项检查。指导武夷山局开展国家地理标志产品保护示范区建设验收的相关工作。向国家知识产权局推荐申报安溪铁观音、福鼎白茶2个国家地理标志产品保护示范区建设并获批筹建。持续完善漳州市智慧地标监管服务平台的开发和运用，平台工作成效获评福建省市场监管系统智慧监管优秀案例。漳州结合重点地理标志产品上市周期，共发起5次专项监测行动，督促电商平台下架涉嫌违法销售信息330余条/次，查办侵犯地理标志产品权益案件7起。福鼎市2021年开展地理标志"双随机、一公开"监管保护。2021年开展县级抽查180批次，风险监测308批次。国家级抽查、省级抽查、市级抽查共766批次。

（四）强化地理标志专用标志使用监督管理

1. 地理标志专用标志使用监管制度机制建立情况

针对地理标志保护产品专用标志使用情况及地理标志商标许可使用情况进行全面调查、摸清底数。建立地理标志专用标志使用管理台账，对专用标志印刷、发放、使用情况及时登记备案。将地理标志专用标志列入"双随机、一公开"检查工作中，加强对地理标志专用标志使用情况的监管。

2. 地理标志专用标志申请使用初审情况

规范、优化专用标志使用申请工作流程和申报材料、依法严格审核所有申请件。2021年新核准10批次478家地理标志保护产品企业使用地理标志专用标志；报国家知识产权局备案478家。新核准185家地理标志商标企业使用地理标志专用标志。累计核准数达1821家，专用标志企业核准数居全国第一位。

3. 地理标志专用标志使用主动监测和调查处理情况

部署开展地理标志专用标志使用规范化专项检查，先后派员赴漳州、宁德、南平、泉州等地检查地理标志专用标志申报、日常监管及专项行动部署、完成情况。各地通过加强宣传推广、培训指导、调查摸底、实地走访、线索摸排、监督检查等各项工作措施，对地理标志生产销售单位进行规范化的专用标志使用指导，及时纠正违法使用专用标志行为。

（五）强化保护宣传

结合"3·15国际消费者权益日""4·26世界知识产权日"等大型宣传活动，拓展地理标志品牌营销渠道，用微信、抖音互联网新媒体，通过网络直播、短视频等方式，提高品牌国内外影响力。深入开展知识产权专题讲座，强化地理标志相关政策宣传解读。漳州开发"地标馆、地标餐、地标游"地标文旅融合项目，制作以"漳州地标 山海盛宴"为主题的宣传片、宣传册和宣传品。《入口成漳——

漳州地标餐》地理标志短视频获评国家知识产权局"承百年创新精神 享知识产权成果"视频征集活动二等奖。宁德举办了将"福鼎白茶产业再发展 宁德市场监管在行动"主题活动。

（六）加强合作共赢

在2021年3月生效的《中欧地理标志协定》中，福建省11个地理标志产品（安溪铁观音、坦洋工夫、福州茉莉花茶、正山小种、建宁通心白莲、松溪绿茶、武夷山大红袍、福鼎白茶、武夷岩茶、罗源秀珍菇、桐江鲈鱼）入选第一批中欧"100+100"地理标志产品互认互保名录；6个产品（政和白茶、松溪红茶、南日鲍、云霄枇杷、宁德大黄鱼、河龙贡米）入选第二批中欧"175+175"地理标志产品互认互保名录。

安溪铁观音积极参与中法文化论坛、"闽茶海丝行"等活动，组织茶企抱团参加各类大型展览展会36场，成为金砖国家领导人厦门会晤、上海合作组织青岛峰会、中非合作论坛北京峰会和中英、中印、中朝领导人会晤等重大外交活动用茶。福安市茶业协会已将"坦洋工夫"在我国香港，以及英国、俄罗斯、法国等7个传统红茶销售的国家和地区进行商标注册。福鼎有组织地通过地理标志保护国际交流合作平台，与外资企业、各类国际组织驻华机构、行业协会、商会、社会团体等开展沟通交流活动。

5.14 江西省

5.14.1 地理标志保护机构设置

江西省市场监督管理局（知识产权局）由知识产权保护处承担地理标志保护工作。

5.14.2 2021年主要地理标志工作

（一）夯实地理标志保护制度

制定印发了《江西省市场监管局关于进一步加强地理标志保护的实施意见》，明确保护地理标志产品以"高水平保护、高标准管理、高质量发展"为原则，逐步加强地理标志保护顶层设计，强化规划引领，深化管理体制机制改革，建立健全特色质量保证体系、技术标准体系与检验检测体系，积极引导符合地理标志保护的特色产品实施知识产权战略，培育和打造地方特色品牌，促进省内特色产品逐步向特色产业、名特优产业化发展。建立健全了"政府主导、部门主推、市监主力、企业（协会）主体"的地理标志工作机制；指导有条件的地理标志产品出台《地理标志产品保护管理办法》，规范地理标志专用标志的使用。

建立推进地理标志商标注册数据库，与行业主管部门加强沟通协调，有序推进地理标志商标注册工作。印发了加强地理标志保护、加强商标监管服务助力营商环境改善等文件。2021年新申请地理标志商标16件。截至2021年底，全省注册地理标志商标125件，呈现良好增长态势。

（二）健全地理标志工作体系

深入推动实施商标、区域品牌培育专项行动，部署各市县（区）局对辖区内企业进行摸底调查，将各辖区内有记载的有特色的农、林、牧、渔产品、手工艺制品、特色小吃等先进行登记，并对全省已申请、未注册的地理标志商标进行调查摸底。

积极推动完善地理标志保护标准体系，2021年度新增6个地理标志产品地方标准；协调赣州市设立了综合检验检测院，可以根据地理标志产品地方标准为地理标志产品提供检验检测服务，加强地理标志产品的品质管控，确保地理标志产品的特定品质稳定输出；指导"广昌白莲"搭建防伪溯源大数据公共服务平台，用大数据和舆情监测作为监管手段，实现产品"来源可查、去向可追、责任可究"，为政府执法提供技术手段和数据支撑。

（三）加大地理标志保护力度

一是加强保护制度建设。结合地理标志产品保护实际，协调地方政府主管部门及行业协会，制定加大本地区地理标志产品保护力度的具体措施，组织生产企业深入学习地理标志产品保护的相关规定，依法加强保护产品的监督管理。

二是开展地理标志资源普查。把符合地理标志保护条件的产品纳入申请范围，使地理标志保护制度成为地方经济又好又快发展的助推器，促进具有地方特色的自然、人文资源优势转化为现实生产力。

三是完善地理标志产品保护体系，协助地理标志产品生产者和地方政府主管部门，完善已获批准的地理标志产品的技术标准，及时总结推广好的监管模式，推动地理标志产品保护工作不断深化发展。

四是组织开展了地理标志保护专项检查。对于重要产品，协调由地方人民政府牵头组织市场监管、果业、农业等相关部门和行业协会，定期不定期地加强巡查，重点加强对地理标志产品的包装、标签使用行为的监管。

（四）强化地理标志专用标志使用监督管理

1. 地理标志专用标志使用监管制度机制建立情况

指导出台了《丰城麻鸭地理标志产品保护管理办法》《"婺源绿茶"证明商标使用管理实施细则》《赣南茶油地理标志产品保护管理办法》《湖口豆豉地理标志产品专用标志管理办法》，规定各部门职责加强地理标志专用标志使用监管。

2. 地理标志专用标志申请使用初审情况

下发了《关于申报 2021 年度国家地理标志保护产品的通知》，同时多次深入各地调研走访，深挖江西省具有特定地域特色、人文特色的优势产品，积极邀请省级专家进行现场调研，挖掘符合申报条件的特色产品。

3. 地理标志专用标志使用主动监测和调查处理情况

组织开展了地理标志产品专项整治行动，对辖区内大型商场超市、品牌专营直营店、餐饮店进行重点检查，重点检查了地理标志保护产品包装及相关标志的使用。共出动执法人员 2853 人次，对辖区内的大型超市、餐饮单位、农贸市场以及品牌专营直营店检查 945 家。检测网络交易和电商平台（网站）133 家次。其中在对"庐山云雾"开展专项执法检查中，依法查处 5 家侵权违法行为，罚没款 2 万元。

（五）强化保护宣传

广泛开展地理标志专用标志使用管理工作宣传，做好地理标志保护的信息公开和服务引导。充分发挥行业协会、龙头企业、地理标志产品保护示范区等的监督协调和示范引领作用。积极组织地理标志保护产品开展地理标志品牌价值评价，赣南脐橙、南丰蜜桔、赣南茶油和狗牯脑茶分别位列地理标志百强榜第 6 位、第 13 位、第 54 位和第 86 位。

积极组织开展"4·26"知识产权宣传周活动。指导各市局和当地人民法院、海关等共同开展知识产权宣传周咨询服务日活动，开展知识产权"进市场、进商场、进园区、进企业"四进活动；开展"百万网民学法律"知识产权保护专场竞赛活动；开展知识产权培训，举办了第三期全省知识产权保护能力提升培训班。

（六）加强合作共赢

在 2021 年 3 月生效的《中欧地理标志协定》中，江西省 5 个地理标志产品（赣南脐橙、婺源绿茶、南丰蜜桔、狗牯脑、乐安竹笋）入选第一批中欧"100+100"地理标志产品互认互保名录；7 个产品（广昌白莲、会昌米粉、赣南茶油、泰和乌鸡、浮梁茶、信丰红瓜子、寻乌蜜桔）入选第二批中欧"175+175"地理标志产品互认互保名录。

5.15 山东省

5.15.1 地理标志保护机构设置

山东省市场监督管理局（知识产权局）由知识产权保护处承担地理标志保护工作。

5.15.2 2021 年主要地理标志工作

（一）夯实地理标志保护制度

完善地理标志保护制度体系。制定印发《关于进一步加强地理标志保护的实施意见》，推动山东地理标志高水平保护、高标准管理、高质量发展。颁布《山东省地理标志产品保护示范区建设管理办法（试行）》，确定首批省级地理标志产品保护示范区筹建单位 7 家，实现国家级与省级多层级示范区建设。牵头联合山西等黄河流域 9 省（区）签订《黄河生态经济带知识产权保护合作协议》，构建涵盖地理标志等知识产权行政保护协作机制。

（二）健全地理标志工作体系

加强地理标志特色质量控制，引导支持地理标志产品、地理标志证明商标和集体商标制定完善国家标准、行业标准、地方标准或团体标准。2021 年，全省新增地方标准 1 个，行业标准 2 个，团体标准 46 个。出台《山东省地理标志产品保护示范区建设管理办法（试行）》，支持省级地理标志产品保护示范建设专业化地理标志检验检测体系。

（三）加大地理标志保护力度

一是部署专项行动，打击侵权违法。组织开展全省秋季地理标志保护专项行动，烟台、日照、淄博市局结合地区实际，分别组织开展了龙口粉丝、日照绿茶、博山猕猴桃等地理标志保护专项执法行动，有效震慑了侵权违法行为。

二是创新保护手段，推动智慧监管。日照运用"互联网＋溯源"，建立日照绿茶溯源管理系统，实施数字化全程跟踪与溯源管理。济南将地理标志产品生产、地理标志专用标志管理和使用纳入知识产权信用监管体系，建立地理标志专用标志使用异常名录。

三是加强协同保护，形成工作合力。牵头建立黄河流域经济带知识产权行政保护协作机制，构建跨省（区）地理标志侵权违法案件线索移送、协助调查执行、联合执法保护和协作互认共享机制。日照分别与济南、青岛等签订《日照绿茶执法协作备忘录》，加强"日照绿茶"跨区域保护合作。济宁联合农业部门开展知识产权"护标"专项行动，开展联合执法检查。济南、日照发挥行业协会作用，加强技术指导、质量检测等交流协作。

（四）强化地理标志专用标志使用监督管理

1. 地理标志专用标志使用监管制度机制建立情况

一是健全地理标志专用标志使用监管"双随机、一公开"抽查机制，将专用标志使用行为纳入2021年度"双随机、一公开"抽查事项清单，采用"双随机、一公开"与专项检查相结合的方式，加强产地特色质量控制。

二是建立地理标志专用标志动态管理机制。根据国家知识产权局核准企业情况，及时掌握地理标志专用标志使用信息并向社会公开，加强社会公众监督。组织各市局制定本辖区地理标志产品专用标志使用企业登记簿及地理标志商标许可使用人登记簿，健全地理标志专用标志使用管理台账。

三是建立地理标志行政保护考核激励机制。将地理标志保护行政案件办理情况纳入对各市高质量发展综合考核体系。2021年度，全省累计办理地理标志行政案件860件，罚没金额63.3万元，严厉打击地理标志侵权假冒违法行为。

2. 地理标志专用标志申请使用初审情况

积极开展地理标志保护专用标志使用审查工作，完善地理标志产品专用标志使用审查工作标准和流程，切实保障地理标志产品品质。2021年，共审查地理标志专用标志使用企业材料500余件，及时将符合条件的企业材料上报国家知识产权局，经国家知识产权局核准发放专用标志下载口令企业399家。

3. 地理标志专用标志使用主动监测和调查处理情况

组织开展地理标志专用标志使用行为"双随机、一公开"检查，随机抽取专用标志使用企业 180 家。部署开展全省秋季地理标志保护专项行动，期间全省共开展执法行动 300 余次，派出 5644 人次深入市场检查，检查企业 2202 家、商超 140 家、网店 412 家，查处假冒地理标志专用标志及商标案件 19 起。组织开展线上地理标志侵权违法线索智能监测，通过智能监测平台抓取地理标志侵权违法线索 800 余条，并依法移交办案部门。烟台通过网络检测平台抓取到网络销售假冒地理标志线索 316 条，及时向生产商所在地市场监管部门进行了移交。

（五）强化保护宣传

将地理标志保护培训纳入知识产权行政保护培训计划，2021 年 4 月，在中国知识产权培训中心举办了山东省知识产权保护培训暨典型案件研讨班，省市县三级 90 余名知识产权保护工作人员参加培训。加强对地理标志保护措施成效、先进经验的宣传报道，广泛宣传建设地理标志示范区的重要意义。开展地理标志保护进企业、进市场、进社区、进学校等系列活动，不断推动生产者、经营者、消费者保护意识提升，营造人人"知地标、创地标、护地标"的良好氛围。

（六）加强合作共赢

在 2021 年 3 月生效的《中欧地理标志协定》中，山东省 8 个地理标志产品（烟台苹果、苍山大蒜、安丘大姜、烟台葡萄酒、扳倒井酒、莒南花生、文登苹果、安丘大葱）入选第一批中欧"100+100"地理标志产品互认互保名录；9 个产品（曹县芦笋、莱芜生姜、滕州马铃薯、日照绿茶、沾化冬枣、沂水苹果、平阴玫瑰、菏泽牡丹籽油、陈集山药）入选第二批中欧"175+175"地理标志产品互认互保名录。

制定印发《山东省重大涉外知识产权纠纷信息通报和应急机制方案》，建立包括地理标志在内的重大涉外知识产权纠纷信息通报和应急工作协调机制。积极推进地理标志互认互保国际合作，组织相关地市制定报送《中欧地理标志协定》第一批清单产品宣传信息。通过各类国际交流合作平台，拓展海外市场，推动中国地理标志产品"走出去"。

5.16 河南省

5.16.1 地理标志保护机构设置

河南省市场监督管理局（知识产权局）由知识产权保护处承担地理标志保护工作。

5.16.2　2021年主要地理标志工作

（一）夯实地理标志保护制度

为加强地理标志保护，统一和规范地理标志专用标志使用，制定出台了《河南省地理标志专用标志使用管理办法》《关于保护地理标志专用标志的奖补办法》《河南省地理标志产品保护示范区建设管理办法（试行）》。

（二）健全地理标志工作体系

在"专、精、特、新"上创新发展，取得了较好的成果。所谓"专"，就是"专业化"，专注培育一个地理标志品牌、专做几个产品，如柘城辣椒；所谓"精"，就是"精细管理"，精良的产品，精简高效的管理制度和流程，如禹州钧瓷、汝瓷管理部门对企业的精细化管理；所谓"特"，就是"独有或更好"，即抓住客户特点，形成自己的产品特色，如汤阴北艾的系列产品；所谓"新"，就是"创新"，要以新设计、新产品、新包装等，不断满足客户的新需求，如信阳毛尖产品中的文新茶叶等。对获取地理标志专用标志使用权的企业，依法依规科学合理确定了抽查比例和频次、抽查方式、检查内容、检查流程等事项，实行了重点地理标志清单式监管。

（三）加大地理标志保护力度

深入调查研究，按照"无标创标""有标创牌"的原则，积极挖掘、培育、申报地理标志商标或地理标志产品，打造地方特色品牌，提高市场竞争力。2021年6月钧瓷国家地理标志产品保护示范区顺利通过专家组验收，同时，汝瓷国家地理标志产品保护示范区也获批准筹建。

（四）强化地理标志专用标志使用监督管理

1. 地理标志专用标志使用监管制度机制建立情况

根据各地市特色，重点查处了印制地理标志专用标志企业的诚信"守重"及印制协议、委托书等执行情况，抽查了企业地理标志专用标志使用及监管情况。

2. 地理标志专用标志申请使用初审情况

积极推进地理标志申报、换标工作，全省完成255家企业的专用标志申请并换标工作。

3. 地理标志专用标志使用主动监测和调查处理情况

地理标志专用标志相关案件立案24件，结案21件，涉案金额共计5.212万元，罚没款金额共计7.503万元，挽回经济损失共计2万元，其中，电商领域案件1件，重点实体市场案件 1 件。

（五）强化保护宣传

围绕地理标志组织开展业务培训，精心组织开展"4·26"知识产权宣传周活动，加大知识产权相关法律政策宣传，增强了社会公众知识产权保护意识，尊重创新、保护创新、保护知识产权氛围更加浓厚。发挥地理标志的兴农富农效应，坚持"用活一个地标，富裕一方百姓"的发展思路，对区域特征明显、产业特色突出、有规模、有市场、具有较高知名度和有 30 年以上的历史渊源，特别是纳入地方重点产业发展规划的特色产品，及时申请地理标志商标注册或地理标志产品保护，培育打造区域品牌。

（六）加强合作共赢

在 2021 年 3 月生效的《中欧地理标志协定》中，河南省 2 个地理标志产品（西峡香菇、香花辣椒）入选第一批中欧"100+100"地理标志产品互认互保名录；6 个产品（杞县大蒜、内黄花生、水沟庙大蒜、灵宝苹果、正阳花生、柘城辣椒）入选第二批中欧"175+175"地理标志产品互认互保名录。

5.17 湖北省

5.17.1 地理标志保护机构设置

湖北省知识产权局由商标和地理标志处承担地理标志保护工作。

5.17.2 2021 年主要地理标志工作

（一）夯实地理标志保护制度

省政府出台《关于进一步强化全省知识产权保护的若干措施》（鄂办发〔2020〕21 号），强化地理标志行政保护；省政府建立了知识产权战略实施联席会议和推进品牌强省建设联席会议制度，明确成员单位工作职责，形成合力共同促进地理标志品牌全面发展；省知识产权局联合省公安厅印发《关于加强协作配合强化知识产权保护的实施意见》的通知，建立健全驰名商标、地理标志协同保护机制。

（二）健全地理标志工作体系

2021 年，湖北省黑茶产品质量检验检测中心在赤壁市正式挂牌运营，是湖北首个且唯一的黑茶产品质量检验检测中心；新洲区旧街刀楼寨茶叶研究会设立武汉市知识产权保护（新洲区旧街）工作站，为"城楼寨茶""旧街白茶"地理标志相关企业做好日常咨询、维权援助等工作；十堰市建立"房县黄酒"公共检测中心，所有黄酒的出厂检测费用由政府买单；英山县制定《英山云雾茶地理标志保护产品可追溯防伪专用标志技术应用方案》，英山云雾茶产业协会"品牌推广和管理"服务体系通过 ISO9001 国际质量管理体系认证。

（三）加大地理标志保护力度

省知识产权局将地理标志保护纳入"双打"行动范围，组织开展专项执法行动；恩施印发《2021 年度"利川红""恩施玉露"品牌保护"铁拳"行动实施方案》；仙桃出台《仙桃市农业品牌培育提升工程工作方案》；十堰印发《进一步加强房县黄酒地理标志保护工作的实施方案》；咸宁集中开展打击商标恶意抢注行为专项行动，收集"贺胜土鸡汤""汀泗桥""白水畈"三条恶意抢注线索报送省知识产权局，促成"贺胜（第 1420804 号）、贺胜桥（第 1420803 号）"商标转让回咸宁；孝感印发《关于开展地理标志保护专项行动的通知》，分别在 2 月和 11 月两次开展地理标志保护专项行动。

（四）强化地理标志专用标志使用监督管理

1. 地理标志专用标志使用监管制度机制建立情况

一是建立专用标志印制使用报告制度，加强专用标志发放、印制、使用环节监管力度；二是强化专用标志使用信息变更申请。地理标志商标注册人因变更集体商标集体成员或新增证明商标许可使用人的，应及时向商标局提出变更申请。孝感市在全市 60 个市场监管所设立知识产权维权工作站，设置举报投诉箱、举报投诉电话，将专用标志使用监管纳入知识产权维权工作站日常监管职能。恩施州出台《恩施玉露、利川红地理标志证明商标州域公用品牌使用管理办法》，强力推进专用标志使用监管。

2. 地理标志专用标志申请使用初审情况

省知识产权局积极指导申请人按照国家知识产权局要求填报申请材料，引导符合条件的生产企业申请用标，对申请人提交的资料认真审核，对符合要求的及时报国家知识产权局审批。截至 2021 年底，累计发放地理标志专用标志下载口令 1048 个，获准使用地理标志专用标志市场主体 1109 家。

3. 地理标志专用标志使用主动监测和调查处理情况

孝感将地理标志专用标志使用纳入"双随机、一公开"监管，抽查检查比例为 2.5%，频次为每年一次；武汉开展"沾化冬枣"地理标志证明商标专项保护行动，排查商超、集贸市场 78 家，排查门店 190 家；咸宁组织抽查检查工作 2 次、抽查比例为 73%、检查合法使用人 19 家；蕲春县全年共抽查蕲艾产品 140 批次，合格 131 批次，不合格 9 批次，将各类违法违规企业按照规定程序，列入经营异常目录，直至注销。

（五）强化保护宣传

省知识产权局充分利用"3·15 国际消费者权益日""4·26 世界知识产权日""5·10 中国品牌日"等重要时间节点，通过广播电视、互联网、新媒体、公益广告等媒介，以典型案例通报、案件研讨交流、发布知识产权保护白皮书等方式，创新宣传手段，营造保护知识产权良好社会氛围。

省知识产权局继续举办第三届湖北地理标志大会暨品牌培育创新大赛，产生金、银奖项目各 10 个；举办第二届"我喜爱的湖北品牌"电视大赛，大赛决赛网络投票人数超过 1000 万人次，通过网络直播观看人数超过 50 万人次；联合湖北广播电视台垄上频道制作《地理标志楚天行》栏目，开展全省地理标志宣传推介，促进提高地理标志影响力。

（六）加强合作共赢

在 2021 年 3 月生效的《中欧地理标志协定》中，湖北省 5 个地理标志产品（房县香菇、房县黑木耳、麻城福白菊、潜江龙虾、宜都宜红茶）入选第一批中欧"100+100"地理标志产品互认互保名录；8 个产品（伍家台贡茶、宜昌蜜桔、黄梅挑花、赤壁青砖茶、英山云雾茶、襄阳高香茶、五峰五倍子、孝感米酒）入选第二批中欧"175+175"地理标志产品互认互保名录。

构建海外知识产权维权机制，武汉知识产权保护中心成功获批国家海外知识产权纠纷应对指导中心地方分中心，组织举办"海外知识产权维权能力提升线上培训""马德里国际注册商标培训"等活动；房县参加省外事办组织的湖北地理标志品牌宣介活动，制作的"房县黑木耳""房县香菇"各 5 分钟英文视频已在欧洲进行宣介推广。

5.18 湖南省

5.18.1 地理标志保护机构设置

湖南省市场监督管理局（知识产权局）由知识产权运用处、知识产权促进处、知识产权保护处、执法稽查局承担地理标志保护工作。

5.18.2 2021年主要地理标志工作

（一）夯实地理标志保护制度

积极引导全省地理标志所在地人民政府制定地理标志产品保护或集体（证明）商标注册管理制度，成立保护工作机构，落实监督检查制度，规范企业按照相应标准和管理规范组织生产，严格执行原辅材料使用、特定工艺控制等生产控制制度，确保地标产品保护工作有效开展。

（二）健全地理标志工作体系

梳理尚未制定标准的地理标志情况，持续推进地理标志制定相关标准。发布16项地理标志产品专用标准，包括西渡湖之酒、永丰辣酱、新宁脐橙等6个地理标志产品。截至2021年底，全省共有地理标志产品标准220项，其中，地理标志产品专用标准100项，地理标志商标相关标准120项。

（三）加大地理标志保护力度

1. 持续开展地理标志商标许可使用情况"双随机、一公开"监管抽查工作

按照年度抽查工作计划，重点做好商标使用行为监督检查工作，持续强化对地理标志注册商标被许可使用企业的监管。及时核实更新地理标志注册商标被许可使用企业名录，随机抽查企业地理标志使用行为，2021年共抽查37户地理标志使用企业，抽查完成率为100%、公示率为100%。

2. 发布湖南省地方标准《地理标志保护指南》

已于2021年12月7日发布，于2022年2月7日实施。该标准对地理标志保护工作的总则、管理人、合法使用人和销售方等内容进行了规定，适用于以地理标志产品保护和集体商标、证明商标注册的地理标志保护工作的实施、管理和评价。

3. 推荐地理标志保护典型案例

按照《国家知识产权局知识产权保护司关于开展地理标志、官方标志、特殊

标志和奥林匹克标志行政保护典型案例推荐工作的通知》（知保函〔2021〕272号）的要求，推荐长沙市望城区知识产权局办理的涉嫌销售侵犯"樟树港辣椒"地理标志证明商标专用权的案件、炎陵县市场监管局办理的侵犯"炎陵黄桃"地理标志商标专用权案件作为典型案例。

（四）强化地理标志专用标志使用监督管理

1. 地理标志专用标志申请使用初审情况

截至2021年底，全省共83个地理标志产品，222件地理标志商标。2021年完成辖区内安化黑茶、新田大豆、永丰辣酱等8个产品共18家企业申请地理标志产品专用标志使用注册登记资料的初审及转报，已获核准5家。累计收到530家地理标志商标授权企业申请地理标志专用标志使用的资料，完成500余家地理标志专用标志矢量图下载口令的发放。

2．地理标志专用标志使用主动监测和调查处理情况

加强地理标志信息及使用企业管理。建立湖南省地理标志信息查询系统，对全省地理标志信息及使用企业进行动态监管。开展常态化监督检查。根据"双随机、一公开"检查的工作要求，对地理标志专用标志使用企业的使用情况进行检查和监管。

（五）强化保护宣传

一是建成集咨询服务、产品展示、信息统计、日常监管于一体的地理标志信息查询系统，收集展示了294个（件）地理标志、1092家专用标志使用企业信息，实现地理标志管理信息化、现代化；

二是在省内外主流媒体开辟专栏，在地铁、高铁、旅游景区进行地理标志产品宣传推广；

三是组织省内相关茶旅企业参加了第四届中国国际茶叶博览会、湖南茶业博览会、湖南文化旅游产业博览会、湖南文旅产业投融资大会、西安丝绸之路国际旅游博览会等多场次重大茶旅博览会；

四是积极创建国家地理标志产品保护示范区。安化黑茶、保靖黄金茶成功入选2021年国家地理标志产品保护示范区筹建名单，11月在安化县成功举办国家地理标志产品保护示范区创建启动仪式。

五是举办地理标志业务培训班,为基层培养了一批地理标志工作业务骨干。

(六)加强合作共赢

在2021年3月生效的《中欧地理标志协定》中,湖南省1个地理标志产品(安化黑茶)入选第一批中欧"100+100"地理标志产品互认互保名录;4个产品(保靖黄金茶、酒鬼酒、古丈毛尖、永丰辣酱)入选第二批中欧"175+175"地理标志产品互认互保名录。

积极推动"湘品出湘""湘品出境",保靖黄金茶成为首届中俄国际舞会新闻发布会指定用茶。安化黑茶借助黑茶获批海关出口HS编码和安化黑茶入选首批《中欧地理标志协定》保护名录的契机,鼓励和支持茶企申请安化茶叶出口资质,出口20多个国家和地区,国际影响力逐步提升。

5.19 广东省

5.19.1 地理标志保护机构设置

广东省市场监督管理局(知识产权局)由知识产权保护处承担地理标志保护工作。

5.19.2 2021年主要地理标志工作

(一)夯实地理标志保护制度

一是强化地理标志保护制度建设。广州修订《广州市知识产权工作专项资金管理办法》,加大对地理标志维权资助;汕头、佛山、珠海、河源、梅州、东莞等地相继出台知识产权高质量发展政策措施,对地理标志保护给予财政支持;江门、湛江、茂名、潮州、云浮等地制定地理标志产品保护管理规定,指导地理标志产品品牌保护、传承与发展、监督与管理等工作。二是多地建立地理标志保护监督协调机制。汕尾市成立"知识产权纠纷人民调解委员会",为解决包括地理标志在内的知识产权纠纷提供一站式服务;茂名市市场监管部门加强与农业、公检法等部门联动保护,开展联合执法;清远市成立地理标志产品保护办公室,着力加强地理标志产品管理。

(二)健全地理标志工作体系

一是完善地理标志保护标准体系建设。广东省各地市在立改废释产品标准方面持续发力，截至 2021 年底，现行有效保护标准 188 项，全面规范地标产品质量标准、特色指标和品质要求。

二是强化地理标志产品检验检测体系。为确保地理标志产品质量品质，阳江、湛江等地选定获 CMA 资质认定机构作为地理标志产品检验长期合作机构，江门、惠州、汕尾等地定期开展地理标志产品抽检工作，把好质量监管关口。

三是建立健全地理标志质量管理体系。广州严格规范地理标志授权企业在产品包装销售中的质量等级区分，实行专用标志印发、使用统一管理登记，建设农产品溯源平台；珠海鼓励专用标志使用人应用过程控制、产地溯源等先进工具，打造数字化、网络化、智能化的产品特色质量保证体系；湛江积极推进《企业知识产权管理规范》实施，引导用标企业建立质量管理体系。

（三）加大地理标志保护力度

一是组织开展全省地理标志春季保护专项行动，依法查处假冒地理标志产品、违规使用专用标志和侵犯地理标志商标专用权等违法行为；加强对电子商务平台线上巡查，及时发现处理违法行为，深挖侵权产品生产源头，切断流通链条、强化线上线下协同一体化治理。

二是大力加强地理标志产品保护，联合江西、湖北、湖南省知识产权和市场监管部门查处 10 地市侵犯"马坝油粘米"地理标志产品名称专有权系列案，立案 10 宗，责令当事人立即改正违法行为，并处没收违法产品 80 袋（箱、包），包装袋 3336 个，罚没款 17 万余元。

（四）强化地理标志专用标志使用监督管理

1. 地理标志专用标志使用监管制度机制建立情况

中山市通过知识产权保护监测平台监测淘宝、京东、拼多多等平台，利用侵权风险模型对中山脆肉鲩、黄圃腊味等地理标志商品计算风险指数，推进地理标志监督管理；江门市借助"新会地理标志服务管理平台"动态统计分析专用标志使用情况，实现企业自查—基层所巡查—局机关核查"三查合一"的监管模式；东莞、河源、揭阳等地按照"一品一档"要求建立专用标志使用信息档案；湛江市通过"双随机、一公开"加强地理标志监管。

2. 地理标志专用标志申请使用初审情况

创新开展地理标志专用标志使用核准改革试点工作。先后组织召开技术审查会 9 场（其中 2021 年度组织 6 场），审查专用标志使用申请生产主体 335 家，其中通过技术审查270家，涉及新会陈皮等37种地理标志产品。有效缩短专用标志核准审查周期至71个工作日。

3．地理标志专用标志使用主动监测和调查处理情况

全省多地抽查检查合法使用企业数量逾120家，绝大部分用标企业标准化、规范化生产地理标志产品，规范使用专用标志。在抽检过程中，发现2宗销售冒用地理标志专用标志案例，罚没款4710元。

（五）强化保护宣传

1. 加强地理标志保护政策宣贯和舆论引导

全省以"4·26世界知识产权日""知识产权万里行"等活动为契机，通过调研地理标志使用企业、开展专题宣讲和培训、制作和发放宣传手册、投放公益广告、制作播放宣传片、运用网络媒介做好品牌宣传和保护等方式，开展地理标志保护政策宣传活动，提升全社会地理标志保护主动性和积极性。全省多地组织地理标志用标企业和优秀地理标志产品参加大型展会活动，扩大地理标志品牌影响力。

2．打造高水平地理标志保护专业人才队伍

全省各级知识产权管理部门组织多批次、多层次地理标志保护专题培训，强化地理标志保护专业人才队伍建设。

（六）加强合作共赢

在2021年3月生效的《中欧地理标志协定》中，广东省4个地理标志产品（凤凰单丛、吴川月饼、英德红茶、大埔蜜柚）入选第一批中欧"100+100"地理标志产品互认互保名录；6个产品（香云纱、新会陈皮、化橘红、高州桂圆肉、增城荔枝、梅州金柚）入选第二批中欧"175+175"地理标志产品互认互保名录。

按照国家知识产权局统一部署，推进中泰"3+3"互认互保工作。河源市积极推动"河源米粉"地理标志产品销售至美国、加拿大、澳大利亚等国，以及我国的香港、澳门地区，市场占有率名列全国同行前茅。

5.20 广西壮族自治区

5.20.1 地理标志保护机构设置

广西壮族自治区市场监督管理局（知识产权局）由商标处承担地理标志保护工作。

5.20.2　2021年主要地理标志工作

（一）夯实地理标志保护制度

深入发掘地理标志资源，指导各地开展地理标志保护制度机制建立工作。南宁市颁布了《南宁横州市茉莉花保护发展条例》，"横县茉莉花"产业从法治层面得到进一步保护和推动可持续发展。柳州市先后出台了《柳州市人民政府办公室关于印发"柳州螺蛳粉"地理标志证明商标保护工作实施方案的通知》（柳政办〔2018〕171号）、《举报侵犯"柳州螺蛳粉"地理标志证明商标专用权有功单位、人员奖励办法》、《融安县地理标志产品保护工作管理办法》、《柳江莲藕地理标志产品保护管理办法》等政策，为柳州地理标志保护提供了政策依据。

（二）健全地理标志工作体系

建立广西知识产权战略实施工作厅际联席会议制度，形成部门联动的工作机制。会同地理标志地方标准起草单位、大专院校、研究机构、检验检测单位共同研究相关地方标准修订、完善工作，组织召开"横县茉莉花"地方标准修订研讨会。同时指导"桂林三花酒""桂林腐乳""桂林腐竹"等原产地标志开展地方标准、团体标准修订、编制，为企业下一步申请使用专用标志做好前期准备工作。梧州市六堡茶产业质量提升"一站式"平台建设稳步推进，在推动六堡茶地理标志生产企业建立质量、安全管理体系中的作用日益显著。

（三）加大地理标志保护力度

将地理标志保护纳入知识产权保护专项行动总体框架，印发《自治区市场监管局办公室关于印发2021年广西知识产权行政保护工作实施方案的通知》，在春节、中秋节等关键节点，以集贸市场、超市为重点，指导各地开展专项检查，进一步规范地理标志专用标志使用，不断加大地理标志保护力度。桂林市集中开展专项行动2次，对辖区内5家超市、7个集贸市场、10家罗汉果销售点进行了检查，查处1起擅自使用地理标志"杭白菊"生产经营产品案件，案值37177.80元，罚没款8864.60元。河池市紧紧围绕"五个查处重点"，开展保护专项行动2次，通过强化联动巡查，加强社会共治，不断夯实地理标志保护基础。

（四）强化地理标志专用标志使用监督管理

1. 地理标志专用标志使用监管制度机制建立情况

一是依托"双随机、一公开"的方式，对注册并已经授权使用的地理标志证明商标加强监管。聚焦特色质量，依法检查用标主体、产品产地以及产品质量标准是否合规。二是根据《地理标志产品保护规定》《地理标志产品保护工作细则》《产品质量监督抽查管理办法》等规定开展地理标志保护产品质量专项监督抽查。

2. 地理标志专用标志申请使用初审情况

印发《申报"地理标志专用标志使用"指南》，规范申报使用地理标志专用标志。对"柳江莲藕"等18个地理标志43家企业申请使用地理标志保护产品专用标志和"钟山贡柑"等14个地理标志158家企业申请使用地理标志证明商标专用标志材料进行初审，并向国家知识产权局推荐。2021年新增获批使用专用标志企业186家。

3．地理标志专用标志使用主动监测和调查处理情况

对9个地理标志32家获得地理标志专用标志使用资格的企业进行抽查检查，覆盖广西区内南宁、柳州、桂林、梧州、玉林、百色、贺州、崇左8个地级市，区域覆盖率达88.9%。其中31家企业检查符合要求，合格率为96.9%，1家企业产品质量未达到地方标准要求，已责令当地主管部门要求其整改，整改达标前暂停其使用专用标志。

（五）强化保护宣传

一是在"全区商标业务培训班"中，设置《我国新形势下地理标志的申请及专用标志的使用与促进》专题，对全区各市、县（市、区）80余名业务骨干进行政策宣讲。二是不断加强地理标志保护专业人才队伍建设。承办国家知识产权局商标局组织的"规范商标注册培训班"，将《区域品牌保护法律制度》《进一步加强区域品牌知识产权司法保护》《区域品牌的商标注册》《地理标志商标评审案例》等课程纳入其中，还邀请了山东、福建、浙江等地理标志发展先进省份的协会代表、龙头企业代表作经验交流，增加了课堂互动，提升了培训成效。

（六）加强合作共赢

在 2021 年 3 月生效的《中欧地理标志协定》中，广西壮族自治区 3 个地理标志产品（横县茉莉花茶、桂平西山茶、百色芒果）入选第一批中欧"100+100"地理标志产品互认互保名录;9 个产品（桂林罗汉果、覃塘毛尖、宜州桑蚕茧、六堡茶、凌云白毫、姑辽茶、融安金桔、北海生蚝、博白桂圆）入选第二批中欧"175+175"地理标志产品互认互保名录。

梧州市出台了《梧州六堡茶产业高质量发展三年行动计划（2021—2023年）》，将推动六堡茶按照第二批中欧"175+175"地理标志产品互认互保要求进行保护。"柳州螺蛳粉"地理标志证明商标已向 44 个国家和地区申请商标国际注册，在英国、法国、意大利、葡萄牙等 16 个国家通过马德里体系获得了注册保护，另外，在巴西、缅甸等 6 个国家也逐一申请了注册保护。

5.21 海南省

5.21.1 地理标志保护机构设置

海南省知识产权局由政策法规处（审计处）、知识产权保护合作处承担地理标志保护工作。

5.21.2 2021 年主要地理标志工作

（一）夯实地理标志保护制度

一是制定《海南自由贸易港知识产权保护条例》。2021 年 12 月 1 日，海南省人大常委会审议通过并发布《海南自由贸易港知识产权保护条例》，于 2022 年 1 月 1 日实施，细化规定了六类侵犯地理标志禁止行为和对地理标志侵权行为的法律责任，细化了违法经营额的具体计算方法等。

二是科学谋划"十四五"知识产权发展规划。5 月 27 日，海南省政府办公厅印发《海南省"十四五"市场监管规划》，对知识产权工作目标任务进行了设定。

三是不断加强地理标志政策引领。4 月 17 日，修订印发《海南省地理标志保护产品专用标志使用核准工作规范》，进一步压缩审批时限，优化审批程序，实现全程网办。12 月 1 日，印发《海南省地理标志产品保护示范区建设管理办法（试行）》，为开展地理标志助力乡村振兴行动提供政策引领。

（二）健全地理标志工作体系

一是在 7 月 28 日，省政府办公厅印发《海南省地理标志运用促进工程三年行动方案（2021—2023 年）》，随后省知识产权协调领导小组办公室印发《〈海南省地理标志运用促进工程三年行动方案（2021—2023 年）〉目标任务分解表》，从地理标志挖掘、培育、运用、促进、管理、保护到保障机制，全链条闭环式对全省地理标志运用促进工作进行全面部署。

二是建立健全地理标志基层工作体系。全省各市县分别印发地理标志运用促进三年行动方案，进一步明确工作任务和各职能部门分工，为地理标志运用促进工作打下制度基础。海口市知识产权局印发《海口市知识产权专项资金管理办法》《海口市知识产权运营服务体系建设专项资金管理规定》，对地理标志运用、区域品牌战略实施和地理标志园区建设提供财政支持；三亚市印发《三亚市知识产权资助金管理办法》，对地理标志保护和运用给予资金支持。

（三）加大地理标志保护力度

一是通过对全省地理标志产品线上监管检索，共发现 22 个地理标志产品中 40 个淘宝网站平台内店铺存在涉嫌销售假冒地理标志产品行为，已全部依法移交浙江省市场监管部门查处。二是琼中县成立"琼中绿橙"打假行动小组，开展专项打假行动 14 次，于 10 月 12 日联合海口市场监管局琼山分局到海南源果缘农业科技有限公司调查使用假冒"琼中绿橙"包装箱，于 11 月 9 日联合澄迈市监局到老城软件园要求下架在京东、拼多多平台销售的假冒"琼中绿橙"，共办理侵犯"琼中绿橙"地理标志案 1 宗，罚款 9720 元。

（四）强化地理标志专用标志使用监督管理

1. 地理标志专用标志使用监管制度机制建立情况

一是将使用核准业务纳入省一体化政务服务平台，不断完善办事指南。二是在 4 月 17 日，修订印发《海南省地理标志保护产品专用标志使用核准工作规范》，进一步压缩审批时限，优化审批程序，实现全程网办。三是将地理标志保护产品专用标志使用核准业务纳入"海南省知识产权综合服务平台"，实现了专用标志使用全程网办，提高政务服务便民利民水平，为各市县建立专用标志管理台账，开展专用标志使用监管提供了数据平台。

2. 地理标志专用标志申请使用初审情况

一是依法依规做好专用标志使用核准工作。将使用核准业务纳入省一体化政务服务平台，不断完善办事指南。自改革试点启动以来，共核准"文昌鸡""儋州粽子""定安大米""白沙绿茶""海南岛盐"5个地理标志保护产品共10家企业使用专用标志，均已通过官网公告并上报国家知识产权局备案。二是做好新版专用标志的换标工作。通过不同渠道，收集地理标志产品及用标企业各项资料数据，及时录入国家知识产权局数据库进行备案审核，20家已获用标资格市场主体全部完成换标任务，换标率达100%。

（五）强化保护宣传

加大地理标志知识普及力度。一是利用"4·26"知识产权宣传周开展宣传。充分利用电视台、网络新媒体、主流纸媒宣传知识产权工作和相关知识，张贴发放知识产权宣传海报4800份，悬挂条幅512条，发放各类宣传资料28936份，开展集中宣传活动29场。组织开展首届海南青少年知识产权宣传创意设计大赛，举办线上线下讲座培训21场，参加人数约8060人。召开新闻通气会，通报2020年海南知识产权行政保护工作现状，发布2020年度十大知识产权行政保护典型案例。委托专业设计团队创作知识产权宣传视频，通过抖音平台进行宣传，流量达25万人次以上。二是制作了《擦亮地理标志品牌 打造海南靓丽名片》宣传视频，并通过学习强国、南海网、新海南客户端等平台予以推广。

（六）加强合作共赢

在2021年3月生效的《中欧地理标志协定》中，海南省1个地理标志产品（兴隆咖啡）入选第一批中欧"100+100"地理标志产品互认互保名录；5个产品（澄迈桥头地瓜、白莲鹅、三亚芒果、三亚甜瓜、五指山红茶）入选第二批中欧"175+175"地理标志产品互认互保名录，为地理标志产品走出国门、开拓市场进一步奠定基础。

5.22 重庆市

5.22.1 地理标志保护机构设置

重庆市知识产权局由运用促进处承担地理标志保护工作。

5.22.2　2021年主要地理标志工作

（一）夯实地理标志保护制度

市政府出台《关于深入实施商标品牌战略建设商标品牌强市的意见》，将地理标志工作作为实施商标品牌战略、促进经济社会发展的重要内容。印发《重庆市知识产权保护和运用"十四五"规划》，将实施地理标志运用促进工程作为"十四五"重点工程。全市38个区县结合本地实际，均出台了支持地理标志发展的一系列政策文件和扶持措施。

（二）健全地理标志工作体系

一是成立重庆市地理标志发展促进会，建立专家智库，举办地理标志注册及运营培训班、地理标志脱贫攻坚经验交流座谈。二是搭建推广平台。组织地理标志产品参展中国国际商标品牌节、知识产权年会、中国品牌日自主品牌博览会。举办"巫山脆李618电商预售启动仪式"、彭水县地标优品助力脱贫攻坚直播活动。三是搭建销售平台。以抗疫扶贫助农为主题，建立集产品展示、品牌宣传、销售推介于一体的地理标志产品云推广平台。

（三）加大地理标志保护力度

一是加强地理标志管理。制定《重庆市地理标志品牌培育指南》，促进地理标志品牌建设。规范地理标志专用标志使用，78件地理标志完成换标工作，地理标志专用标志使用企业近200家。二是加强地理标志保护。开展保护地理标志专项整治行动。建立成渝知识产权保护协作机制，联合发布60个优质地理标志重点保护名录。

（四）强化地理标志专用标志使用监督管理

1. 地理标志专用标志使用监管制度机制建立情况

规范地理标志专用标志使用，根据工作职责加强行政指导和政策引导，随机开展专项检查及巡查监管。

2. 地理标志专用标志申请使用初审情况

截至2021年底，重庆市拥有有效地理标志商标284件、地理标志保护产品14件。98件地理标志完成换标工作，地理标志专用标志使用企业232家。产品覆盖了柑橘、榨菜、柠檬、生态畜牧、生态渔业、茶叶、调味品、中药材、特色水果、特色粮油重庆十大特色产业。据不完全统计，地理标志相关产值规模超500亿元，出口产值超10亿元，实现税收6.5亿元，从业人员超600万人，农民年人均增收1万元。

3．地理标志专用标志使用主动监测和调查处理情况

近年来，全系统依法查处知识产权侵权违法案件1011件，案值2726万元。

（五）强化保护宣传

制定《重庆市地理标志品牌培育指南》，促进地理标志品牌建设。组织地理标志产品参展中国国际商标品牌节、知识产权年会、中国品牌日自主品牌博览会。举办"巫山脆李618电商预售启动仪式"、彭水县地标优品直播活动、酉阳县地标优品直播活动，助力乡村振兴。开展"地理标志品牌促消费公益活动"走进石柱黄水开展公益服务，组织了知识产权行业协会工作人员、代理服务机构知识产权顾问、专利代理师、项目顾问、律师等24位知识产权专业人士，组成3支地理标志品牌公益宣传队伍，宣传重庆地标优品，以进一步增强大众对重庆市地理标志产品优势的认识，助力拉动地标优品的售卖，助推地理标志助力乡村振兴和县域特色经济发展。

（六）加强合作共赢

在2021年3月生效的《中欧地理标志协定》中，重庆市2个地理标志产品（长寿沙田柚、巫溪洋芋）入选第一批中欧"100+100"地理标志产品互认互保名录；7个产品（江津花椒、涪陵榨菜、丰都牛肉、奉节脐橙、合川桃片、忠州豆腐乳、石柱黄连）入选第二批中欧"175+175"地理标志产品互认互保名录。

5.23 四川省

5.23.1 地理标志保护机构设置

四川省市场监督管理局（知识产权局）由商标监督管理处承担地理标志保护工作。

5.23.2 2021年主要地理标志工作

（一）夯实地理标志保护制度

一是扎实开展《四川省知识产权保护条例》立法工作。在前期立法调研工作

基础上，开展《四川省知识产权保护条例》文稿起草工作，与省人大常委会、省委办公厅、司法厅等部门进行沟通和会商，反复论证，形成《四川省知识产权保护条例》草案，包括工作机制、行政保护、司法保护、社会保护等八章，共有74条。《四川省知识产权保护条例》已经通过四川省2022年立法项目评审会，纳入了2022年省政府立法计划。二是完善川渝知识产权合作机制。会同省法院、重庆市法院、重庆市知识产权局签订《关于建立成渝地区双城经济圈知识产权保护合作机制备忘录》，进一步完善知识产权合作机制。

（二）健全地理标志工作体系

统计完善地理标志基础信息，建立地理标志数据库，收集汇总地理标志保护产品现行使用技术规程（产品地方标准），先后建立了四川省地理标志管理数据库，录入了2371条数据（包括842条地理标志数据、1233条用标企业数据和296个产品标准数据），进行动态管理。

（三）加大地理标志保护力度

集中执法力量开展"铁拳""春雷"等专项执法行动，围绕川渝知识产权重点保护名录，开展川渝两地知识产权行政保护专项行动，进行跨区域知识产权联合执法，并在加强资源共享、人才联合培养、平台共建、信息互通等方面开展深度合作。将郫县豆瓣、邛崃黑茶等20件优质地理标志列入《第二批川渝知识产权重点保护名录》。

（四）强化地理标志专用标志使用监督管理

1. 地理标志专用标志使用监管制度机制建立情况

2020年制定下发《关于开展地理标志保护产品专用标志使用核准改革试点的通知》，对市（州）市场监管部门指导企业用标申请、规范用标、加强监管和加大宣贯等工作提出要求。同时，根据《地理标志产品保护规定》和国家知识产权局"地理标志产品专用标志核准使用审查要点及备案要求"，拟订了《四川省知识产权局地理标志产品专用标志使用核准内部审查工作规程》，对材料审核人员、审核流程、审查要点及备案等环节进行了规定和细化，做到审查有依据、审核有要点、使用有备案、工作完成有时限。

2. 地理标志专用标志申请使用初审情况

2021年对44家专用标志的企业核准使用并发布公告，上报国家知识产权局备案，在国家知识产权局的抽查中，上报的申请材料在完整度和合规率方面均达100%。

3．地理标志专用标志使用主动监测和调查处理情况

一是开展地理标志产品质量监管。对四川省8个地区39个地理标志产品100个批次，开展2021年度地理标志保护产品专项质量抽查。将5家公司7个批次抽检不合格产品报告移交攀枝花局加强监督抽查后处理，做好整改和风险防控工作。二是开展地理标志专用标志"双随机、一公开"抽查。对全省1028家核准使用地理标志专用标志的企业按30%的比例，共抽取308户开展"双随机、一公开"抽查，293户未发现问题，15户存在问题并已进行处理。三是开展商标和地理标志网络侵权监测。结合"双11"等重点时段，在主流电商平台和省内部分电商平台上探索开展商标和地理标志网络侵权监测，监测到侵权和违规使用地理标志有效线索30条，涉及7市州的10个市场主体，已立案查处2件，对2个市场主体责令整改。

（五）强化保护宣传

组织举办了全省市场监管系统商标监管工作培训班，对21个市州100名商标监管执法业务骨干，从商标监管和地理标志保护与发展等方面开展业务培训，提升基层干部商标监管和地理标志工作的理论和实务水平。

（六）加强合作共赢

在2021年3月生效的《中欧地理标志协定》中，四川省11个地理标志产品（郫县豆瓣、安岳柠檬、宜宾芽菜、苍溪红心猕猴桃、涪城麦冬、蒲江雀舌、峨眉山茶、剑南春酒、五粮液、四川泡菜、纳溪特早茶）入选第一批中欧"100+100"地理标志产品互认互保名录；17个产品（彭州莴笋、小金苹果、九寨沟蜂蜜、黑水中蜂蜜、攀枝花芒果、广汉缠丝兔、都江堰方竹笋、蜀锦、蜀绣、青神竹编、泸州老窖酒、汉源花椒、攀枝花块菌、蒙顶山茶、遂宁矮晚柚、峨眉山藤椒油、米易枇杷）入选第二批中欧"175+175"地理标志产品互认互保名录。

积极与省内商务、农业、乡村振兴等部门合作，在"4·26"知识产权宣传周活动期间，抓住中欧地理标志正式实施保护契机，邀请省内相关部门召开"四川省地理标志海外保护与贸易促进座谈会"，针对企业海外维权难、销售难、拓展市场难、政策知晓难等问题共商解决办法，共同推进下一步地理标志海外保护和贸易发展。通过中国西部国际博览会、迪拜世博会·中国馆四川活动日、粤港澳大湾区知识产权交易博览会暨国际地理标志产品交易博览会、"天府风物·品味四川"

四川特色优势农产品展销暨天府旅游美食北京推广季等活动展示四川商标、地标品牌 1000 多件。

5.24 贵州省

5.24.1 地理标志保护机构设置

贵州省市场监督管理局（知识产权局）由知识产权保护处承担地理标志保护工作。

5.24.2 2021 年主要地理标志工作

（一）夯实地理标志保护制度

贵州省成为全国 12 个地理标志保护产品专用标志使用核准改革试点地区之一后，贵州省知识产权局高度重视，建立健全地理标志产品专用标志使用核准制度体系，提高地理标志产品专用标志使用核准便利化水平，强化地理标志产品专用标志使用管理，促进地理标志产品品牌价值提升。以规范性文件出台《贵州省市场监管局地理标志保护产品专用标志使用核准改革试点工作办法》，并配套制定了《贵州省地理标志保护产品专用标志使用核准改革试点文书格式范本》，压实了各方职责，明确办理时限，压缩实地核查和资料审查周期，专用标志使用申请及变更申请自受理之日起 30 个工作日内即可完成用标核准和发布公告。各地陆续出台相应的保护措施。

（二）健全地理标志工作体系

将地理标志产品专项抽查列入"双随机、一公开"抽查事项，加强监管，保证地理标志产品特色质量。2021 年，印发《贵州省市场监管局关于对 2020 年地理标志产品专项监督检查情况的通报》，对 2020 年底抽检的 11 个地理标志产品 40 家用标企业的情况进行了通报。同时印发了《贵州省市场监管局关于开展 2021 年地理标志产品专项监督检查工作的通知》，对修文猕猴桃、余庆苦丁茶等 14 个地理标志产品使用专用标志的 40 家生产企业进行抽查，并将抽查结果进行通报。各地正在逐步完善地理标志保护标准体系、检验检测体系和质量管理体系。

（三）加大地理标志保护力度

开展地理标志产品专项监督检查，全省查处地理标志类案件 3 起，结案 2 起，涉案金额 7 万余元，罚没金额近万元。贵阳市在辖区市场发现未经授权使用"修文猕猴桃"品牌的包装盒1000余个，区市场监管局立即进行了查处。在检查过程中，严查产品包装是否规范，猕猴桃产地是否真实，产品质量是否优良，是否对产品进行虚假宣传等。在检查现场，执法人员积极向经营户宣传做好修文猕猴桃品牌保护的重要意义，现场约谈59户销售有不同品种猕猴桃的商户，要求其必须向消费者明示产品产地，不得实施混淆行为，侵害消费者合法权益。

（四）强化地理标志专用标志使用监督管理

1. 地理标志专用标志使用监管制度机制建立情况

印发《贵州省知识产权局关于进一步推动地理标志保护产品专用标志申报系统使用工作的通知》，"贵州省地理标志保护产品专用标志申报系统"于2021年1月1日正式上线运行，启用电子印章，完善了相关申报文书和流程，专用标志使用审批可实现全过程网上流转。进一步简化审核流程，压缩核准时间，更好地为基层和企业提供高效便捷的服务。

2. 地理标志专用标志申请使用初审情况

2021年，核准通过地理标志专用标志申请使用企业70家，申请备案70家。

3. 地理标志专用标志使用主动监测和调查处理情况

印发了《贵州省市场监管局关于开展2021年地理标志产品专项监督检查工作的通知》，对修文猕猴桃、余庆苦丁茶等14个地理标志产品使用专用标志的40家生产企业进行抽查，并将抽查结果进行通报。2021年，全省共检查地理标志专用标志使用市场主体378家，出动执法人员412余人次。

（五）强化保护宣传

一是2021年10月19日至20日，省知识产权局举办2021年知识产权保护能力提升线上培训班，全省知识产权管理人员、执法人员160余人参加了培训。二是省知识产权局积极支持各市州开展业务培训，派员前往毕节、安顺、铜仁、黔南等地授课。三是深入贵阳市修文县，遵义市凤冈、正安县等实地调研指导地理标志产品保护、示范区创建、商标保护等工作。四是开展案卷评查及案例研讨。配合开展案卷评查及案例研讨工作，对地理标志、特殊标志等案件进行了评查，对典型案例进行了研讨，并对评查情况进行总结，制发了案卷评查通报。五是开展全省知识产权保护先进集体、先进个人和办案能手评选活动，对3个先进集体、

3个先进个人和3个办案能手进行了通报表扬。

（六）加强合作共赢

在2021年3月生效的《中欧地理标志协定》中，贵州省4个地理标志产品［凤冈锌硒茶、朵贝茶、惠水黑糯米酒、茅台酒（贵州茅台酒）］入选第一批中欧"100+100"地理标志产品互认互保名录；10个产品（贵州绿茶、水城猕猴桃、安顺山药、从江香禾糯、修文猕猴桃、织金竹荪、兴仁薏仁米、盘县火腿、都匀毛尖茶、麻江蓝莓）入选第二批中欧"175+175"地理标志产品互认互保名录。进一步完善贵州省中欧"100+100"互保互认清单中的15家企业相关资料信息报送国家知识产权局，推进实现互认互保。

5.25 云南省

5.25.1 地理标志保护机构设置

云南省市场监督管理局（知识产权局）由知识产权保护处承担地理标志保护工作。

5.25.2 2021年主要地理标志工作

（一）夯实地理标志保护制度

制定印发《云南省市场监督管理局关于开展地理标志保护产品专用标志使用核准改革试点工作的通知》《云南省市场监管局关于推进地理标志保护产品专用标志使用核准改革试点工作方案》《云南省地理标志保护产品专用标志使用核准工作规程（试行）》等文件。积极配合国家知识产权局开展立法调研，认真组织开展地理标志保护产品申报、地理标志保护产品专用标志使用核准、地理标志产品保护示范区培育创建和执法保护等工作。

（二）健全地理标志工作体系

为进一步规范管理地理标志产品专用标志使用核准工作，促进地理标志的有效运用，结合云南省知识产权工作实际，制定印发了系列文件，明确在2年的试点期内，云南省市场主体申请使用地理标志保护产品专用标志，由云南省市场监督管理局受理并依法依规开展审核工作。建立了省、州（市）、县三级联动，分工负责的审核工作流程，要求专人负责和明确审查内容，切实做好初审、形审、终审三个环节工作的组织实施。明确工作程序，形成业务规范，实现快审快核，及时公告，大幅缩短审核时间，优化申请文书，提高审核效率和服务质量。

（三）加大地理标志保护力度

为改变重审批轻监管的行政管理方式，结合"双随机、一公开"整体工作方案，按照"谁审批谁监管"原则，制定 2020、2021 年开展集体商标、证明商标（含地理标志）使用行为"双随机"检查工作方案，按照 20% 的抽检比例开展检查，共抽检地理标志专用标志使用市场主体 274 家，查处假冒"昭通天麻""石屏豆腐皮"地理标志产品案件 2 起。

（四）强化地理标志专用标志使用监督管理

1. 地理标志专用标志使用监管制度机制建立情况

通过日常监管和专项检查强化落实各级监管责任，落实地理标志产品专用标志市场主体的信用信息归集，进一步推动专用标志使用监管。

2. 地理标志专用标志申请使用初审情况

依据《地理标志产品保护规定》有关要求组织开展审查和核准工作。加强政策引导，出台《云南省地理标志运用促进工程实施方案》，提高企业使用专用标志的积极性，核准使用地理标志产品专用标志的市场主体 39 家。

3．地理标志专用标志使用主动监测和调查处理情况

依照地理标志使用行为"双随机"检查工作方案，按照 20% 的抽检比例开展检查，共抽检地理标志专用标志使用市场主体 274 家。

（五）强化保护宣传

加强政策引导，出台《云南省地理标志运用促进工程实施方案》，提高企业使用专用标志的积极性，通过有效运用地理标志专用标志扩大助力乡村振兴辐射效应，促进农业增效、农民增收。建立云南省地理标志产品保护信息库，以地理标志产品专用标志使用市场主体信息为重点，建立云南省地理标志产品专用标志使用企业名录库。积极做好人才培养，通过多种形式和渠道夯实地理标志保护人才基础，2021 年组织 3 次地理标志保护培训。加大地理标志产品专用标志使用宣传推广活动。

（六）加强合作共赢

在 2021 年 3 月生效的《中欧地理标志协定》中，云南省 4 个地理标志产品（保山小粒咖啡、普洱茶、罗平小黄姜、普洱咖啡）入选第一批中欧"100+100"地理标志产品互认互保名录；6 个产品（临沧坚果、宣威火腿、文山三七、勐海茶、朱

苦拉咖啡、撒坝火腿）入选第二批中欧"175+175"地理标志产品互认互保名录。

5.26 西藏自治区

5.26.1 地理标志保护机构设置

西藏自治区市场监督管理局（知识产权局）由知识产权处承担地理标志保护工作。

5.26.2 2021年主要地理标志工作

（一）夯实地理标志保护制度

为强化知识产权保护，加强知识产权顶层设计，报请中共西藏自治区委员会办公厅、西藏自治区人民政府办公厅印发《关于强化知识产权保护的实施意见》，培育、发展、保护地理标志产品保护，促进地方特色产业提质增效、高质量发展。

（二）健全地理标志工作体系

深入贯彻自治区党委、政府关于推进特色产业转型升级的决策部署，正确利用地理标志制度优势，建立健全地理标志管理制度体系，制定《西藏自治区市场监督管理局（知识产权局）关于加快推进地理标志专用标志使用的通知》《关于组织开展地理标志助力乡村振兴行动的实施方案》《西藏自治区市场监督管理局（知识产权局）关于开展地理标志产品保护申报工作的通知》，加快培育、发展、壮大自治区地理标志产品。服务稳定、发展、生态、强边四件大事，巩固脱贫攻坚成果，助力乡村振兴战略实施。

（三）加大地理标志保护力度

紧贴地方特色产业发展重点、强边富民等中心工作，加快将特色资源优势转化为经济优势，优先保护特有的地理资源，加强具有一定知名度和经济价值、质量稳定、资源转化优势强的地理标志产品保护，努力打造区域经济文化特色产品。岗巴羊国家地理标志产品保护示范区获批筹建。岗巴羊、阿旺绵羊、林芝灵芝、那曲冬虫夏草4个地理标志产品运用促进项目列为国家知识产权局重点指导项目。从提质强基、品牌建设、产业强链、能力提升四个方面，维护产品质量特色，打造区域特色产品品牌，促进高原特色产业提质增效，助推区域经济增长和农牧民增收，努力打造区域经济文化特色产品。

（四）强化地理标志专用标志使用监督管理

按照自治区党委、政府"推进地理标志标识化"的重点任务要求，对获保护的地理标志产品进行监督抽查工作，帮扶符合条件的地理标志产品生产者申请使用地理标志专用标志，从而加快显现地理标志产品在经济、文化、社会发展中的资源价值和品牌潜力。

认真落实属地管理责任，将地理标志纳入"双随机、一公开"监管模式，加强对地理标志产品质量特色和专用标志使用的日常监管，严格查处地理标志专用标志合法使用人未按相应标准、管理规范或相关使用管理规则组织生产，未经公告擅自使用或伪造地理标志专用标志等违法违规行为。

（五）强化保护宣传

多渠道宣传推介地理标志产品，积极帮助地理标志生产企业（合作社）对接各类展会、销售平台，帮助地方特色产品"走出去"，组织地理标志产品在西藏新闻网、地方新闻网等媒体进行推广宣传，积极参加区外展会，展示产品的特色质量和区域文化，提高产品知名度，打造西藏知名特色品牌。

5.27 陕西省

5.27.1 地理标志保护机构设置

陕西省知识产权局由规划协调处、保护处承担地理标志保护工作。

5.27.2 2021年主要地理标志工作

（一）夯实地理标志保护制度

建立健全地理标志各项规章制度。依据《地理标志产品保护规定》、《地理标志产品保护工作细则》和《陕西省地理标志产品保护办法》，结合地理标志产品专用标志使用社会需求调研，制定了《陕西省地理标志专用标志核准使用申报指南》，印发了《陕西省知识产权局关于进一步做好地理标志专用标志使用管理与保护工作的通知》《陕西省知识产权局地理标志专家评审评议管理办法（试行）》，通过明确责任主体、确定工作程序、加大奖惩力度，使相关工作制度化、科学化、规范化、有序化，夯实地理标志保护制度。

（二）健全地理标志工作体系

积极开展地理标志资源普查，把地理标志资源优势尽快转化为经济发展的优势，不断完善地理标志产品保护体系，维护地理标志产品的特色质量。一是加强地理标志产品技术标准体系建设的研究，形成以地方标准为主体的地理标志产品的技术标准体系，完善已获批准的地理标志产品的技术标准。二是批准建立了地理标志产品专业检验检测机构。批准成立陕西省地理标志产品检验检测（宝鸡）中心。三是组建了专家技术团队。面向社会相关领域征集并组建了陕西省地理标志专家库。四是建立健全地理标志产品的质量保证体系，实现全过程质量监管和溯源，开发建设了陕西国家地理标志展示服务平台、地理标志专用标志核准管理系统、地理标志溯源管理系统、地理标志数据可视化系统。

（三）加大地理标志保护力度

一是积极开展专项整治活动。联合辖区公安、农业农村等相关单位开展各种形式的地理标志、专用标志专项督导检查行动。二是聚焦疫情防控，强化地理标志侵权违法行为查处。疫情防控期间，加强对地理标志、涉外商标的保护，确保疫情防控期间和疫情之后打击知识产权侵权假冒违法行为的高压态势。三是积极做好地理标志清查、年报、换标及核准等工作。

（四）强化地理标志专用标志使用监督管理

1. 地理标志专用标志使用监管制度机制建立情况

实行动态化地理标志专用标志使用管理机制，提高地理标志专用标志使用管理信息化水平。建立健全经营主体质量安全追溯体系，要求使用者要建立各类台账，以便存档备查；实行打假维权机制，市场监督部门和农业农村部门不定期进行抽查、检测和打假维权。

2. 地理标志专用标志申请使用初审情况

优化工作流程，确保地理标志专用标志核准工作常态化。建立"企业申请—县区核验—市局抽查—窗口初审—技术审查—公告核准"的工作流程，各个环节工作职责明确，流程顺畅，保证了地理标志专用标志核准工作的高效运行。

3．地理标志专用标志使用主动监测和调查处理情况

全面开展地理标志产品专用标志使用企业清查行动。改变"重审批、轻监管"的行政管理方式，强化落实监管责任，加强市场主体信用信息归集和应用，以"双随机、一公开"与专项整治相结合的方式推进专用标志使用监管。试点期间共执行专项检查行动 46 次，地理标志专用标志使用监管抽检比例达到 14.13%。

（五）强化保护宣传

在"中国杨凌农业高新科技成果博览会"上举办"全国地理标志产品展"。与

四川省、甘肃省、云南省等西部省份共同签订了《西部地理标志产业发展战略合作协议》并开展系列活动。在省内与省市场监督管理局联合开展地理标志保护专项活动，联合举办"品质3·15消费"展示活动，大力推广地理标志产品；与省商务厅开展"中华老字号+地理标志"活动；与中国国际贸易促进委员会举办"一带一路"陕西特色商品（地理标志）专题展；与陕西日报社联合推进地理标志运用促进工作。联合中国知识产权报社、陕西日报社、陕西农村报社共同开展了"地理标志三秦行"调研采访活动，各类媒体共刊登相关新闻报道78篇，多形式展示了陕西省地理标志产品，宣传报道地理标志保护工作成功经验。

（六）加强合作共赢

在2021年3月生效的《中欧地理标志协定》中，陕西省2个地理标志产品（横山大明绿豆、眉县猕猴桃）入选第一批中欧"100+100"地理标志产品互认互保名录；9个产品（周至猕猴桃、榆林马铃薯、石泉蚕丝、紫阳富硒茶、泾阳茯砖茶、汉中仙毫、铜川苹果、韩城大红袍花椒、富平柿饼）入选第二批中欧"175+175"地理标志产品互认互保名录。

全面落实《"丝绸之路经济带"沿线10省（区、市）打击侵权假冒工作协作联动框架协议》《陕甘两省知识产权保护合作协议》相关要求，加强异地地理标志保护合作，开展跨区联合执法行动。鼓励和支持省内特色地理标志保护产品加入《中欧地理标志协定》产品互认目录，指导中欧地理标志互认互保产品合法使用地理标志官方标志。积极组织地标产品参加2021年度第四届中国国际进口博览会、第130届中国进出口商品交易会、丝绸之路国际博览会、中国杨凌农业高新科技成果博览会、中国西部国际投资贸易洽谈会等各类展会，加强宣传推介，拓展海外市场。积极融入"一带一路"大格局，进一步加强与国内外行业协会、商会、社会团体等信息交流。强化地理标志维权援助、举报投诉等公共服务职能，协助做好海外地理标志纠纷预警防范，配合做好重大地理标志案件快速响应督办，加强跟踪研究。建立海外维权专家顾问机制，有效促进权利人合法权益在海外依法得到同等保护。

5.28 甘肃省

5.28.1 地理标志保护机构设置

甘肃省市场监督管理局由商标专利监督管理处承担地理标志保护工作。

5.28.2 2021年主要地理标志工作

(一) 夯实地理标志保护制度

为推进省内地理标志助力乡村振兴战略布局，制定印发了《甘肃省市场监督管理局关于开展地理标志保护产品专用标志使用有关事宜的通知》《甘肃省地理标志产品保护示范区建设管理办法》。

(二) 健全地理标志工作体系

选定的地理标志保护产品检验机构均为有CMA认证资质的检验机构，主要为甘肃省产品质量监督检验研究院、甘肃省食品检验研究院、中国商业联合会食品检测中心等，同时积极为企业提供检测机构资质查询服务，方便专用标志使用申请企业就近检测。

(三) 加大地理标志保护力度

依法打击地理标志保护产品和证明商标的假冒侵权、以次充好等恶劣行为，促进商标、地理标志市场规范、健康、有序发展，按照《甘肃省深入开展"蓝天"专项整治行动实施方案》和《甘肃省打击商标恶意抢注行为专项行动实施方案的通知》进一步规范商标、地理标志专用标志使用。

(四) 强化地理标志专用标志使用监督管理

1. 地理标志专用标志使用监管制度机制建立情况

积极探索建立地理标志专用标志日常监管机制，将专用标志使用情况纳入年度监督抽检计划，重点抽查地理标志产品生产地域范围、品质标准的一致性和专用标志使用等情况。对未经批准擅自使用专用标志、冒充地理标志产品以及专用标志使用人违反相关法律法规等违法违规行为，依法进行处理。

2. 地理标志专用标志申请使用初审情况

对申报的地理标志文件进行一对一指导，所有产品在申报前填报《拟申报地理标志保护产品情况表》，深入了解产品，并对其质量特色、历史渊源等内容咨询相关专家学者，同时在标准制定、检验检测方面，协调相关单位提供必要的技术指导。

3. 地理标志专用标志使用主动监测和调查处理情况

积极开展地理标志专用标志使用企业产品质量检测工作。抽检涉及河西走廊葡萄酒、兰州百合、民勤羊肉、武都花椒、靖远枸杞、文县绿茶、环县荞麦等12件地理标志，检查内容涉及酒、畜牧、农作物等多个范围。

（五）强化保护宣传

借助"知识产权服务万里行""4·26"知识产权宣传周活动，推动"入园惠企"助企行动，通过电台、报刊、网络等媒体，广泛宣传地理标志及专用标志使用的重要意义和相关政策，主动聚焦企业需求和困难，在嘉峪关、酒泉、天水、陇南等地现场与企业业务人员及群众通过讨论交流、网络实操、现场问答等方式进行一对一指导、学习，成效较为明显。活动期间，全省举办宣传活动15场次，媒体采用稿件153篇。积极组织地理标志管理与保护业务视频培训，全省各级知识产权管理部门及地理标志商标注册人、地理标志专用标志使用企业代表等540余人参加了培训辅导。

（六）加强合作共赢

在2021年3月生效的《中欧地理标志协定》中，甘肃省2个地理标志产品（静宁苹果、天祝白牦牛）入选第一批中欧"100+100"地理标志产品互认互保名录；7个产品（金塔番茄、嘉峪关洋葱、兰州百合、武都油橄榄、甘南羊肚菌、定西马铃薯、岷县当归）入选第二批中欧"175+175"地理标志产品互认互保名录。

5.29 青海省

5.29.1 地理标志保护机构设置

青海省市场监督管理局由商标品牌建设与对外合作处承担地理标志保护工作。

5.29.2 2021年主要地理标志工作

（一）夯实地理标志保护制度

立足主业主责，牵头研究制定了《严标准育品牌优环境提质量服务"四地"建设工作方案》，经青海省政府常务会议审议通过后以省政府办公厅名义印发实施。方案以服务"四地"建设为目标，主动与省发展改革委、省工业和信息化厅、省农业农村厅、省文化和旅游厅、省林草局等部门建立协作共享机制，通过条块结合、纵横衔接等方式，持续强化地理标志管理水平，发挥地理标志引领作用，支持枸杞、冬虫夏草、青稞、矿泉水、藜麦、蕨麻等优势地理标志产业发展，推动地理标志产业跨界融合发展。

（二）健全地理标志工作体系

锚定产业"四地"建设总要求，坚持目标导向、问题导向、结果导向，以特色产业培育优质企业，以企业发展带动产业提升，助力全省经济社会转型升级。

力争到 2025 年，实现：

标准体系进一步完善。优化标准体系结构，扩大标准有效供给，推动建立地方标准、企业标准，鼓励制定团体标准。

品牌效应进一步凸显。持续做好品牌培育和提升工作，努力构建"政府推动、企业自主、市场主导、行业促进、社会参与"的工作格局，积极探索品牌价值与经济效应转化路径，以商标为支撑的品牌经济和以地理标志为支撑的特色经济发展，推动知识产权与乡村振兴有机融合，更好满足人民日益增长的美好生活需要。

质量基础进一步夯实。围绕特色优势产业，探索创建有一定规模、一定影响力的全省质量提升示范区。不断夯实质量基础设施，构建质量保障多元新模式，强化服务"四地"建设的质量保证和技术支撑。

（三）加大地理标志保护力度

为进一步加大商标恶意抢注行为的打击力度，结合工作实际，研究印发了《关于打击商标恶意抢注行为专项行动计划的通知》，将专项行动与日常监管执法相结合，重点查处侵犯中国驰名商标、地理标志、涉外注册商标专用权的违法行为，依法加大商标专用权保护和商标代理机构监管力度，严厉打击商标侵权和恶意注册行为。

（四）强化地理标志专用标志使用监督管理

1. 地理标志专用标志使用监管制度机制建立情况

为保证青海省地理标志证明商标授权企业能够正常使用专用标志，印发《关于抓紧做好 2021 年度地理标志专用标志换标工作的通知》，有序推进地理标志专用标志更换相关工作。

2. 地理标志专用标志申请使用初审情况

加强主动服务和业务指导，积极推动企业合法合规使用地理标志专用标志，督促已经取得协会授权使用地理标志证明商标的企业尽快完成地理标志专用标志使用许可备案。组织并协助符合条件的市场主体申请使用地理标志专用标志。

3. 地理标志专用标志使用主动监测和调查处理情况

监测省内企业地理标志专用标志用标情况，建立地理标志专用标志使用台账，登记用标企业基本信息及用标情况，规范市场主体使用地理标志专用标志。

（五）强化保护宣传

一是有计划、有部署、有重点地深入各市州开展实地调研工作，进一步加大地理标志知识普及力度，加强地理标志基础服务供给，提升从业人员技能，高质量推动乡村振兴工作。二是对青海省企业开展实地走访调研，深入生产车间，与企业家一起面对面、解难题、话发展。同时，围绕农畜产品商标地理标志品牌培育、运用、保护和管理工作进行了全面梳理汇报，针对工作中的不足问诊寻策，持续建立健全工作机制。

（六）加强合作共赢

在 2021 年 3 月生效的《中欧地理标志协定》中，青海省 1 个地理标志产品（柴达木枸杞）入选第一批中欧"100+100"地理标志产品互认互保名录；1 个产品（湟中燕麦）入选第二批中欧"175+175"地理标志产品互认互保名录。

第 27 届中国兰州投资贸易洽谈会期间，与甘肃省市场监督管理局联合签署《甘青两省 2021 年加强知识产权保护运用工作合作备忘录》，联合发布《甘青两省 2021 年商标地理标志品牌企业名录（第一批）》。同时与甘肃省市场监督管理局联合开展品牌宣传推介活动，共同打造"甘肃·青海商标地理标志品牌合作馆"，得到国家知识产权局充分肯定，两省知识产权合作成效显著。与西部 12 省份共同签署《西部地理标志产业发展战略合作协议》，建立西部地理标志产业发展联促联动合作机制。

5.30 宁夏回族自治区

5.30.1 地理标志保护机构设置

宁夏回族自治区市场监督管理厅（知识产权局）由知识产权保护处承担地理标志保护工作。

5.30.2 2021 年主要地理标志工作

（一）夯实地理标志保护制度

一是建立了知识产权工作部门联席会议，沟通协调制定知识产权保护方面制度机制。二是与人民法院签订"知识产权司法保护和行政执法衔接合作协议"，配合公安部门建立"知识产权保护企业维权警务室"，建立"知识产权维权援助站""商标品牌指导站"，具体指导地理标志保护工作。三是由自治区党办政办印发《关于强化知识产权保护的实施意见》，部分地级市委、市政府印发了关于强化知识产权保护的若干措施、实施方案、联席会议制度等。

（二）健全地理标志工作体系

一是把好体系制定关。修订了固原马铃薯地理标志产品地方标准，建立枸杞产业标准体系、病虫害绿色防控体系、质量安全检验检测体系和质量安全追溯体系"四个体系"。二是把好生产检测关。指导地理标志专用标志使用企业严格按照地理标志产品的标准进行生产，并指导具备条件的企业建立产品出厂检验检测体系。三是把好监督检查关。督促企业落实生产质量管理主体责任，结合食品抽检任务对葡萄酒、枸杞等进行抽检，并强化合法合规使用地理标志专用标志的监督检查。四是以"盐池滩羊"被列入国家地理标志产品保护示范区筹建名单为契机，以落实《国家地理标志产品保护示范区建设管理办法》为抓手，指导筹建区制定示范区建设细化方案和工作推进计划，着力推进国家地理标志产品保护示范区筹建。

（三）加大地理标志保护力度

一是加强协同保护。建立完善线上线下和异地打假维权联合执法机制，向政府提出行政建议，规范地理标志的使用行为。二是强化监督管理。综合运用法律、行政、经济、技术、社会治理等手段，对地理标志专用标志、地理标志证明商标使用主体实行动态管理，严厉打击以次充好、以假乱真，及时公开有社会影响力的典型案例。三是开展专项检查。积极开展地理标志保护专项行动，共出动执法人员 1537 次，检查企业 300 余家，检查农贸市场、大型商场等重点市场主体及网络销售平台 4391 户次，指导规范市场主体 127 家，没收侵犯"中宁枸杞"地理标志包装袋 7000 余个（盒），收缴罚没款 2 万余元。

（四）强化地理标志专用标志使用监督管理

1. 地理标志专用标志使用监管制度机制建立情况

制定了《宁夏贺兰山东麓葡萄酒地理标志专用标志使用管理办法（试行）》，修订了《"盐池滩羊"（第 29 类）地理标志证明商标使用管理办法》。各市（县、区）局结合实际，分别制定了《固原市市场监督管理局关于加强地理标志保护产品专用标志监督管理的通知》《石嘴山市地理标志助力乡村振兴行动实施方案》《吴忠市关于强化知识产权保护的若干措施》《市域知识产权保护联席会议制度》《利通区强化知识产权保护的若干措施》《青铜峡市关于强化知识产权保护的实施方案》等制度，对地理标志实行动态管理并强化专用标志使用监管。

2. 地理标志专用标志申请使用初审情况

支持"固原黄牛""盐池滩羊"生产企业积极申报地理标志专用标志。2021年共初审地理标志保护产品专用标志使用申请企业 23 家，变更企业 1 家，16 家企业获准使用地理标志专用标志。对申请使用"中宁枸杞"地理标志证明商标的企业行进实地调查、核实标准、指导备案，79家企业获得专用标志使用权。

3. 地理标志专用标志使用主动监测和调查处理情况

一是加强抽查指导。建立地理标志专用标志使用情况登记簿，对相关企业监督检查31次，抽查36户次，督促正确规范使用地理标志专用标志，并向当地政府提出行政建议。二是形成有力震慑。对扣押的不符合标准的包装物等集中销毁，电视台等全程宣传报道。三是开展专项行动。对交易中心、旅游景区等进行集中检查。开展"网剑"行动，处理问题线索449条，下达责令整改通知书26份。

（五）强化保护宣传

一是强化宣传，营造知识产权保护良好氛围。依托"4·26""3·15""12·4"等宣传日、宣传周开展集中宣传。在门户网站、微信、电视台等媒体，播放知识产权短视频，宣传政策法规知识，树立知识产权、地理标志保护意识。二是强化培训，提升知识产权专业素养能力。组织执法人员和相关企业参加知识产权知识竞赛，旁听知识产权案件庭审，参加知识产权线下线上培训。共举办培训班15期，观摩学习5场，参训人员600余人次，加强了地理标志专业人才队伍建设。

（六）加强合作共赢

在2021年3月生效的《中欧地理标志协定》中，宁夏回族自治区2个地理标志产品（贺兰山东麓葡萄酒、宁夏大米）入选第一批中欧"100+100"地理标志产品互认互保名录；2个产品（中宁枸杞、宁夏枸杞）入选第二批中欧"175+175"地理标志产品互认互保名录。

签署黄河生态经济带九省区知识产权保护协议、西部十二省区地理标志产业发展战略合作协议，建立闽宁知识产权战略合作机制等，建立知识产权多元化纠纷协调解决机制。拓宽企业发展路径。引进国内外葡萄酒名庄名品，借鉴学习世界名酒名庄规则；指导企业以特色企业为示范，探索与有机绿色产业、旅游业等融合发展。搭建宣传推介平台。组织企业参加中国-阿拉伯国家博览会、中国品牌日、知识产权交易博览会、中国国际名酒博览会等推介活动7场，并抓住我国与欧盟地理标志保护合作协定实施的契机，着力推动自治区地理标志产品走出国门。

5.31 新疆维吾尔自治区

5.31.1 地理标志保护机构设置

新疆维吾尔自治区市场监督管理局（知识产权局）由知识产权促进处和知识产权保护处承担地理标志保护工作。

5.31.2 2021年主要地理标志工作

(一)夯实地理标志保护制度

制定《关于贯彻〈知识产权强国建设纲要(2021—2035年)〉的实施意见》《新疆维吾尔自治区知识产权"十四五"规划》《关于组织开展知识产权专项执法行动的通知》《落实〈2021年全国知识产权行政保护工作方案〉的实施方案》等政策文件,持续健全完善知识产权保护制度体系;印发《新疆维吾尔自治区知识产权专家(技术调查官)库管理办法》,发挥知识产权专家(技术调查官)对创新发展和营商环境优化的智库资源优势;推进"互联网+监管"平台建设,实施"互联网+"新疆硅基新材料产业知识产权保护项目。制定《库尔勒市创建地理标志产品保护示范区实施方案》《库尔勒市创建国家地理标志产品保护产品示范工作目标任务》《库尔勒香梨产业高质量发展促进条例》等系列文件。

(二)健全地理标志工作体系

推进《关于贯彻〈知识产权强国建设纲要(2021—2035年)〉的实施意见》《新疆维吾尔自治区知识产权"十四五"规划》的实施,编制《关于贯彻落实"十四五"知识产权保护与运用规划的实施方案》和2022年度推进计划,加强督促检查,加大知识产权工作投入力度,保障各项工作顺利开展,确保工作任务有效落实。加强地理标志与发改、财政、商务、农业、林业、文化旅游等部门的工作协调,实现业务联动和信息共享。支持各地(州、市)围绕地理标志出台专项扶持奖励政策措施,鼓励培育以地理标志龙头企业为主的新型联合经营主体。

(三)加大地理标志保护力度

净化节日市场环境,确保春节市场秩序,开展"四级"知识产权联合专项执法检查活动。对与人民群众欢度节日相关的地理标志产品和作为集体商标、证明商标注册的地理标志进行重点检查,严格依法查处商标、专利、地理标志等侵权假冒违法行为,严肃查办一批在节日期间侵犯知识产权、损害消费者权益的案件,对检查过程中发现的问题按照属地管理原则处置。截至2021年底,全区各级市场监管部门共查处商标、地理标志等知识产权违法案件258件。

(四)强化地理标志专用标志使用监督管理

1. 地理标志专用标志使用监管制度机制建立情况

积极推进地理标志申报,鼓励各地挖掘特色优势资源,其中,"且末红枣"成功被国家知识产权局批准实施地理标志产品保护。库尔勒市人民政府、精河县人民政府获批国家地理标志产品保护示范区筹建，有效推动了地理标志的高质量发展。支持发展各类地理标志产业化，建立长期稳定利益共同体。积极配合国家知识产权局整理出版中欧地理标志图册清单。和田薄皮核桃、和田大枣、吐鲁番葡萄、吐鲁番葡萄干、库尔勒香梨、若羌红枣、精河枸杞7件地理标志列入国家运用促进重点联系指导名录。

2. 地理标志专用标志申请使用初审情况

鼓励企业积极申报地理标志专用标志，以标准化促进地理标志产品质量品质提升，增强地理标志产品附加值和产业综合竞争力。截至2021年底，共有168家合法用标企业。

3. 地理标志专用标志使用主动监测和调查处理情况

开展"库尔勒香梨"包装印制企业和仓储企业"双随机、一公开"监督检查行动，分别对4家纸箱厂和6个冷库进行"双随机抽查"检查。

（五）强化保护宣传

将知识产权保护、科技成果转化等法律法规宣传作为"八五"普法的重要内容，进一步加强知识产权普法力度；扎实开展"4·26"知识产权宣传周活动，制定《2021年知识产权宣传周活动方案》，印发宣传册，制作宣传片，向社会公众发放宣传册3000余份，在全区各大新闻媒介（楼宇、广告大屏等）广泛播放宣传片；发布《知识产权发展与保护状况》及典型案例；组织地理标志业务培训。

（六）加强合作共赢

在2021年3月生效的《中欧地理标志协定》中，新疆维吾尔自治区3个地理标志产品（库尔勒香梨、吐鲁番葡萄干、精河枸杞）入选第一批中欧"100+100"地理标志产品互认互保名录；4个产品（霍城薰衣草、博湖辣椒、策勒红枣、阿克苏苹果）入选第二批中欧"175+175"地理标志产品互认互保名录。

第六章 地理标志保护机构

6.1 国家知识产权局

根据党的十九届三中全会审议通过的《中共中央关于深化党和国家机构改革的决定》《深化党和国家机构改革方案》和第十三届全国人民代表大会第一次会议批准的《国务院机构改革方案》，重新组建国家知识产权局，将国家知识产权局职责、原国家工商行政管理总局的商标管理职责、原国家质量监督检验检疫总局的原产地地理标志管理职责整合，实现了原产地地理标志的集中统一管理，解决了知识产权管理多头分散的问题。国家知识产权局负责原产地地理标志的注册登记和行政裁决。《国家知识产权局职能配置、内设机构和人员编制规定》中明确，国家知识产权局负责拟定原产地地理标志统一认定制度并组织实施。

国家知识产权局知识产权保护司承担原产地地理标志相关保护工作。知识产权保护司设地理标志和官方标志保护处，负责拟订并组织实施地理标志保护的政策、标准和制度；组织实施地理标志审查认定，拟订地理标志侵权判断标准；承担涉外地理标志保护工作、地理标志保护对外合作相关工作。

6.2 地方知识产权管理部门

为加强和优化地理标志保护职能，实现地理标志统一集中管理，各省、自治区、直辖市知识产权管理部门均明确职能处室，负责本行政区域内有关地理标志保护工作(见表6-1)。

表 6-1 各省（自治区、直辖市）知识产权管理部门地理标志保护职能处室

序号	省（自治区、直辖市）	知识产权管理部门	地理标志保护职能处室
1	北京市	北京市知识产权局	知识产权保护处
2	天津市	天津市知识产权局	商标管理处
3	河北省	河北省市场监督管理局（知识产权局）	知识产权保护处
4	山西省	山西省市场监督管理局（知识产权局）	知识产权保护发展处
5	内蒙古自治区	内蒙古自治区市场监督管理局（知识产权局）	知识产权保护处
6	辽宁省	辽宁省知识产权局	行政审批处
7	吉林省	吉林省市场监督管理厅（知识产权局）	知识产权运用促进处、知识产权服务处（商标处）
8	黑龙江省	黑龙江省知识产权局	知识产权保护处
9	上海市	上海市知识产权局	知识产权保护处
10	江苏省	江苏省知识产权局	产业促进处
11	浙江省	浙江省市场监督管理局（知识产权局）	知识产权保护处
12	安徽省	安徽省市场监督管理局（知识产权局）	知识产权保护处
13	福建省	福建省市场监督管理局（知识产权局）	商标监督管理处
14	江西省	江西省市场监督管理局（知识产权局）	知识产权保护处
15	山东省	山东省市场监督管理局（知识产权局）	知识产权保护处
16	河南省	河南省市场监督管理局（知识产权局）	知识产权保护处
17	湖北省	湖北省知识产权局	商标和地理标志处
18	湖南省	湖南省市场监督管理局（知识产权局）	知识产权运用处、知识产权促进处、知识产权保护处、执法稽查局
19	广东省	广东省市场监督管理局（知识产权局）	知识产权保护处

续表

序号	省（自治区、直辖市）	知识产权管理部门	地理标志保护职能处室
20	广西壮族自治区	广西壮族自治区市场监督管理局（知识产权局）	商标处
21	海南省	海南省知识产权局	政策法规处（审计处）、知识产权保护合作处
22	重庆市	重庆市知识产权局	运用促进处
23	四川省	四川省市场监督管理局（知识产权局）	商标监督管理处
24	贵州省	贵州省市场监督管理局（知识产权局）	知识产权保护处
25	云南省	云南省市场监督管理局（知识产权局）	知识产权保护处
26	西藏自治区	西藏自治区市场监督管理局（知识产权局）	知识产权处
27	陕西省	陕西省知识产权局	规划协调处、保护处
28	甘肃省	甘肃省市场监督管理局	商标专利监督管理处
29	青海省	青海省市场监督管理局	商标品牌建设与对外合作处
30	宁夏回族自治区	宁夏回族自治区市场监督管理厅（知识产权局）	知识产权保护处
31	新疆维吾尔自治区	新疆维吾尔自治区市场监督管理局（知识产权局）	知识产权促进处、知识产权保护处

附　录

附录1　2021年受理地理标志产品保护申请

序号	申请产品名称	省、区、市	申请机构	地方人民政府建议的地理标志产品产地范围	地方人民政府界定产地范围的建议文件	标准或技术规范
1	安化小籽花生	湖南省	安化县人民政府	湖南省益阳市安化县乐安镇、梅城镇、仙溪镇、长塘镇、大福镇、滔溪镇、小淹镇、江南镇、羊角塘镇、冷市镇、东坪镇、柘溪镇、马路镇、奎溪镇、龙塘乡、田庄乡共16个乡、镇现辖行政区域	安化县人民政府关于恳求批准"安化小籽花生"地理标志产品保护地域范围的请示（安政〔2018〕127号）	安化县蚩尤故里种植生态农场企业标准：Q/AHXZHS 01—2018《安化小籽花生种植技术规范》
2	罗浮山豆腐花	广东省	博罗县人民政府	广东省惠州市博罗县现辖行政区域	博罗县人民政府关于申请划定"罗浮山豆腐花"地理标志产品保护范围的请示（博府请〔2020〕47号）	博罗县特种设备和计量标准化协会团体标准：T/BLTJBX 17—2021《罗浮山豆腐花》
3	彭州蒜薹	四川省	彭州市人民政府	四川省成都市彭州市天彭街道、致和街道、隆丰街道、丽春镇、九尺镇、丹景山镇、葛仙山镇共7个镇、街道现辖行政区域	彭州市人民政府关于划定彭州蒜薹地理标志产品保护区域的函（彭府函〔2021〕47号）	四川省成都市地方标准：《地理标志产品 彭州蒜薹》（草案）
4	长白石	吉林省	长白朝鲜族自治县人民政府	吉林省白山市长白朝鲜族自治县现辖行政区域	长白朝鲜族自治县人民政府关于确定"长白石"地理标志产品保护范围的通知（长政字〔2018〕5号）	吉林七彩长白石文化有限公司企业标准：Q/JCBS 0001—2018《长白石》
5	宿松云雾茶（宿松香芽）	安徽省	宿松县人民政府	安徽省安庆市宿松县柳坪乡、北浴乡、陈汉乡、隘口乡、趾凤乡共5个乡现辖行政区域	宿松县人民政府关于划定"宿松云雾茶（宿松香芽）"地理标志产品保护范围的函（松政函〔2019〕6号）	宿松县茶叶产业协会团体标准：T/SSCY001—2020《宿松云雾茶（宿松香芽）》、T/SSCY002—2020《宿松云雾茶（宿松香芽）生产技术操作规程》
6	金溪蜜梨	江西省	金溪县人民政府	江西省抚州市金溪县秀谷镇、琅琚镇、对桥镇、陆坊乡、陈坊积乡、合市镇、双塘镇共7个乡、镇现辖行政区域	金溪县人民政府关于界定金溪蜜梨地理标志产品保护范围的函（金府函〔2018〕27号）	江西省地方标准：《地理标志产品 金溪蜜梨》（工作组讨论稿）

续表

序号	申请产品名称	省、区、市	申请机构	地方人民政府建议的地理标志产品产地范围	地方人民政府界定产地范围的建议文件	标准或技术规范
7	柳城云片糕	广西壮族自治区	柳城县人民政府	广西壮族自治区柳州市柳城县现辖行政区域	柳城县人民政府关于界定柳城云片糕实施地理标志产品保护范围的函（柳城政函〔2020〕83号）	广西壮族自治区地方标准：《地理标志产品 柳城云片糕》（草案）
8	阜城鸭梨	河北省	阜城县人民政府	河北省衡水市阜城县霞口镇、王集乡共2个乡、镇现辖行政区域	阜城县人民政府关于阜城鸭梨地理标志产品保护范围建议的请示（阜政呈〔2018〕38号）	河北省地方标准：《地理标志产品 阜城鸭梨》（草案）
9	和村苹果	安徽省	淮北市烈山区人民政府	安徽省淮北市烈山区宋疃镇现辖行政区域	烈山区人民政府关于界定和村苹果地理标志产品保护范围的函（烈政函〔2021〕9号）	淮北市地方标准：DB3406/T 0367—2016《和村苹果》
10	宣汉桃花米	四川省	宣汉县人民政府	四川省达州市宣汉县桃花镇、峰城镇、南坪镇、老君乡、南坝镇、茶河镇、五宝镇、华景镇、白马镇、土黄镇、樊哙镇、三墩土家族乡、龙泉土家族乡、渡口土家族乡、漆树土家族乡、黄金镇、厂溪镇、新华镇、石铁乡、下八镇、黄石乡、清溪镇共22个乡、镇现辖行政区域	宣汉县人民政府关于重新划定"宣汉桃花米"地理标志产品保护范围的通知（宣府函〔2021〕229号）	达州市桃花米业有限公司企业标准：Q/511722THM1—2021《宣汉桃花米》
11	白庙血橙	四川省	自贡市贡井区人民政府	四川省自贡市贡井区成佳镇、龙潭镇、五宝镇、建设镇、莲花镇、艾叶镇、桥头镇、长土街共8个镇、街道现辖行政区域	自贡市贡井区人民政府关于划定白庙血橙地理标志产品保护区域范围的报告（贡府〔2020〕42号）	自贡市必祥种养殖家庭农场企业标准：Q/510303BX1—2021《白庙血橙》
12	合阳远志	陕西省	合阳县人民政府	陕西省渭南市合阳县城关街道、和家庄镇、新池镇、坊镇、王村镇、路井镇共6个镇、街道现辖行政区域	合阳县人民政府关于划定合阳远志地理标志产品保护区域范围的函（合政函〔2018〕130号）	陕西省地方标准：《地理标准产品 合阳远志》（草案）
13	夹沟香稻米	安徽省	宿州市埇桥区人民政府	安徽省宿州市埇桥区夹沟镇现辖行政区域	宿州市埇桥区人民政府关于划定夹沟香稻米地理标志产品保护范围的函（埇政函〔2020〕1号）	宿州市墉桥区夹沟香稻科技开发中心企业标准：Q/BYX 00001—2020《夹沟香稻米》

续表

序号	申请产品名称	省、区、市	申请机构	地方人民政府建议的地理标志产品产地范围	地方人民政府界定产地范围的建议文件	标准或技术规范
14	苍梧迟熟荔枝	广西壮族自治区	苍梧县人民政府	广西壮族自治区梧州市苍梧县石桥镇、沙头镇、旺甫镇、岭脚镇、六堡镇、梨埠镇、木双镇、京南镇、狮寨镇共9个镇现辖行政区域	苍梧县人民政府关于划定对苍梧迟熟荔枝实施地理标志产品保护范围的通知（苍政发〔2017〕39号）	广西壮族自治区地方标准：《地理标志产品 苍梧迟熟荔枝》（草案）
15	陵川连翘	山西省	陵川县人民政府	山西省晋城市陵川县崇文镇、礼义镇、附城镇、平城镇、西河底镇、杨村镇、秦家庄乡、潞城镇、夺火乡、马圪当乡、古郊乡、六泉乡共12个乡、镇现辖行政区域	陵川县人民政府关于划定陵川连翘地理标志产品保护范围的报告（陵政发〔2019〕14号）	山西省地方标准：《地理标志产品 陵川连翘》（送审稿）
16	宝鸡柴胡	陕西省	宝鸡市陈仓区人民政府	陕西省宝鸡市陈仓区拓石镇、凤阁岭镇、坪头镇、香泉镇、赤沙镇、新街镇、县功镇、贾村镇共8个镇现辖行政区域	宝鸡市陈仓区人民政府关于申请划定宝鸡柴胡国家地理标志产品保护范围的函（宝陈政函〔2018〕51号）	陕西省地方标准：《地理标志产品 宝鸡柴胡》（征求意见稿）
17	陵川潞党参	山西省	陵川县人民政府	山西省晋城市陵川县崇文镇、平城镇、潞城镇、夺火乡、马圪当乡、古郊乡、六泉乡共7个乡、镇现辖行政区域	陵川县人民政府关于划定陵川潞党参地理标志产品保护范围的报告（陵政发〔2019〕13号）	山西省地方标准：《地理标志产品 陵川潞党参》（送审稿）
18	利辛香椿	安徽省	利辛县人民政府	安徽省亳州市利辛县巩店镇、张村镇、汝集镇、王人镇共4个镇现辖行政区域	利辛县人民政府关于界定利辛香椿地理标志产品保护范围的函（利政秘〔2019〕36号）	利辛县鑫华种植专业合作社食品安全企业标准：Q/XC 0001S—2018《利辛香椿》
19	定陶玫瑰	山东省	菏泽市定陶区人民政府	山东省菏泽市定陶区现辖行政区域	菏泽市定陶区人民政府关于划定定陶玫瑰地理标志产品保护范围的函（菏定政函〔2019〕3号）	山东省地理标志产业协会团体标准：T/SDDB 004—2020《定陶玫瑰品质管理规范》
20	镇坪黄连	陕西省	镇坪县人民政府	陕西省安康市镇坪县城关镇、华坪镇、钟宝镇、曙坪镇、上竹镇、牛头店镇、曾家镇共7个镇现辖行政区域	镇坪县人民政府关于申请划定镇坪黄连国家地理标志产品保护范围的函（镇政函〔2018〕111号）	陕西省地方标准：《地理标志产品 镇坪黄连》（草案）

续表

序号	申请产品名称	省、区、市	申请机构	地方人民政府建议的地理标志产品产地范围	地方人民政府界定产地范围的建议文件	标准或技术规范
21	泰山玉	山东省	泰安市人民政府	山东省泰安市岱岳区粥店街道、道朗镇，济南市长清区万德镇共3个镇、街道现辖行政区域	山东省人民政府关于同意泰山玉地理标志产品保护地理范围的函（鲁政字〔2017〕85号）	泰安市泰山矿产资源开发投资有限公司企业标准：Q/TSKC 0001—2020《泰山玉》
22	水城脆桃	贵州省	六盘水市水城区人民政府	贵州省六盘水市水城区双水街道、尖山街道、董地街道、老鹰山街道、以朵街道、新桥街道、海坪街道、杨梅彝族苗族回族乡、新街彝族苗族布依族乡、野钟苗族彝族布依族乡、果布戛彝族苗族布依族乡、发耳镇、鸡场镇、都格镇、玉舍镇、勺米镇、坪寨彝族乡、陡箐镇、营盘苗族彝族白族乡、比德镇、化乐镇、米箩镇、花戛苗族布依族彝族乡、阿戛镇、蟠龙镇、顺场苗族彝族布依族乡、猴场苗族布依族乡、龙场苗族白族彝族乡共28个乡、镇、街道现辖行政区域	六盘水市水城区人民政府关于划定水城脆桃地理标志产品保护范围的请示（水府呈〔2021〕45号）	贵州省地方标准：《地理标志产品 水城脆桃》（草案）

附录2 2021年认定地理标志产品（国内）

序号	地理标志产品名称	申请机构	产地范围	公告号
1	鸡泽辣椒	河北省邯郸市鸡泽县人民政府	河北省邯郸市鸡泽县现辖行政区域	国家知识产权局公告第四〇一号
2	南陵大米	安徽省芜湖市南陵县人民政府	安徽省芜湖市南陵县籍山镇、弋江镇、许镇镇共3个镇现辖行政区域	国家知识产权局公告第四〇一号
3	德源大蒜	四川省成都市郫都区人民政府	四川省成都市郫都区德源街道、红光镇、安德镇、唐昌镇、唐元镇、古城镇、三道堰镇、花园镇、友爱镇共9个街道、镇现辖行政区域	国家知识产权局公告第四〇一号
4	贯头山酒	河北省唐山市迁安市人民政府	河北省唐山市迁安市大五里乡现辖行政区域	国家知识产权局公告第四一四号
5	赫章红花山茶油	贵州省毕节市赫章县人民政府	贵州省毕节市赫章县现辖行政区域	国家知识产权局公告第四一四号
6	桐城水芹	安徽省安庆市桐城市人民政府	安徽省安庆市桐城市大关镇、吕亭镇、孔城镇、青草镇、范岗镇、新渡镇、双港镇、金神镇、嬉子湖镇、文昌街道、龙眠街道、龙腾街道共12个镇、街道现辖行政区域	国家知识产权局公告第四二四号
7	伦教糕	广东省佛山市顺德区人民政府	广东省佛山市顺德区伦教街道现辖行政区域	国家知识产权局公告第四二四号
8	马关草果	云南省文山壮族苗族自治州马关县人民政府	云南省文山壮族苗族自治州马关县马白镇、南捞乡、坡脚镇、大栗树乡、八寨镇、篾厂乡、古林箐乡、仁和镇、木厂镇、夹寒箐镇、都龙镇、小坝子镇、金厂镇共13个乡、镇现辖行政区域	国家知识产权局公告第四二四号
9	潮州手拉朱泥壶	广东省潮州市人民政府	广东省潮州市潮安区龙湖镇、浮洋镇、凤塘镇、古巷镇、登塘镇、枫溪镇，湘桥区凤新街道、金山街道、西湖街道、湘桥街道、西新街道、太平街道、南春街道、城西街道共14个镇、街道现辖行政区域	国家知识产权局公告第四四四号
10	陆川铁锅	广西壮族自治区玉林市陆川县人民政府	广西壮族自治区玉林市陆川县现辖行政区域	国家知识产权局公告第四四四号
11	老厂竹根水	贵州省六盘水市盘州市人民政府	贵州省六盘水市盘州市竹海镇现辖行政区域	国家知识产权局公告第四四四号
12	普洱咖啡	云南省普洱市人民政府	云南省普洱市现辖行政区域	国家知识产权局公告第四四四号
13	阜平大枣	河北省保定市阜平县人民政府	河北省保定市阜平县阜平镇、平阳镇、城南庄镇、王林口镇、台峪乡、北果元乡、大台乡、史家寨乡共8个乡、镇现辖行政区域	国家知识产权局公告第四五二号

续表

序号	地理标志产品名称	申请机构	产地范围	公告号
14	怀仁陶瓷	山西省朔州市怀仁市人民政府	山西省朔州市怀仁市吴家窑镇、新家园镇、金沙滩镇、海北头乡、云中镇共5个乡、镇现辖行政区域	国家知识产权局公告第四五二号
15	鹤岗白酒	黑龙江省鹤岗市人民政府	黑龙江省鹤岗市现辖行政区域（不含农垦总局、森工总局部分区域）	国家知识产权局公告第四五二号
16	顺德红米酒	广东省佛山市顺德区人民政府	广东省佛山市顺德区现辖行政区域	国家知识产权局公告第四五二号
17	且末红枣	新疆维吾尔自治区巴音郭楞蒙古自治州且末县人民政府	新疆维吾尔自治区巴音郭楞蒙古自治州且末县且末镇、阿热勒镇、托格拉克勒克乡、琼库勒乡、英吾斯塘乡、巴格艾日克乡、阿克提坎墩乡、阔什萨特玛乡、塔提让镇共9个乡、镇和新疆生产建设兵团第二师37团、38团现辖行政区域	国家知识产权局公告第四五二号
18	望江风酿酱油	安徽省安庆市望江县人民政府	安徽省安庆市望江县现辖行政区域	国家知识产权局公告第四五九号
19	乳山牡蛎	山东省威海市乳山市人民政府	山东省乳山市现辖行政区毗邻海域，即以下A1～A8共八个点坐标所围海域： A1，36°42′58.113″，121°28′08.772″； A2，36°41′56.679″，121°39′22.372″； A3，36°46′01.342″，121°41′43.271″； A4，36°48′23.092″，121°44′30.070″； A5，36°51′05.337″，121°47′02.094″； A6，36°52′46.148″，121°51′03.106″； A7，36°29′34.633″，121°51′00.654″； A8，36°19′26.484″，121°34′29.760″	国家知识产权局公告第四五九号
20	比德大米	贵州省六盘水市水城区人民政府	贵州省六盘水市水城区比德镇大寨村和水库村当前所在区域	国家知识产权局公告第四五九号

附录3　2021年认定地理标志产品（国外）

序号	国家	地理标志产品中文名称	地理标志产品原文名称	公告号
1	塞浦路斯	塞浦路斯鱼尾菊酒	Ζιβανία / Τζιβανία / Ζιβάνα / Zivania	国家知识产权局公告第四〇七号
2	捷克	捷克布杰约维采啤酒	Českobudějovické pivo	国家知识产权局公告第四〇七号
3	捷克	萨兹啤酒花	Žatecký chmel	国家知识产权局公告第四〇七号
4	德国	莱茵黑森葡萄酒	Rheinhessen	国家知识产权局公告第四〇七号
5	德国	摩泽尔葡萄酒	Mosel	国家知识产权局公告第四〇七号
6	德国	弗兰肯葡萄酒	Franken	国家知识产权局公告第四〇七号
7	德国	慕尼黑啤酒	Münchener Bier	国家知识产权局公告第四〇七号
8	德国	巴伐利亚啤酒	Bayerisches Bier	国家知识产权局公告第四〇七号
9	丹麦	丹麦蓝乳酪	Danablu	国家知识产权局公告第四〇七号
10	爱尔兰	爱尔兰奶油利口酒	Irish cream	国家知识产权局公告第四〇七号
11	爱尔兰	爱尔兰威士忌	Irish whiskey / Irish whisky / Uisce Beatha Eireannach	国家知识产权局公告第四〇七号
12	希腊	萨摩斯甜酒	Σάμος / Samos	国家知识产权局公告第四〇七号
13	希腊	西提亚橄榄油	Σητεία Λασιθίου Κρήτης / Sitia Lasithiou Kritis	国家知识产权局公告第四〇七号
14	希腊	卡拉马塔黑橄榄	Ελιά Καλαμάτας / Elia Kalamatas	国家知识产权局公告第四〇七号
15	希腊	希俄斯乳香	Μαστίχα Χίου / Masticha Chiou	国家知识产权局公告第四〇七号
16	希腊	菲达奶酪	Φέτα / Feta	国家知识产权局公告第四〇七号
17	西班牙	里奥哈	Rioja	国家知识产权局公告第四〇七号
18	西班牙	卡瓦	Cava	国家知识产权局公告第四〇七号
19	西班牙	加泰罗尼亚	Cataluña	国家知识产权局公告第四〇七号

续表

序号	国家	地理标志产品中文名称	地理标志产品原文名称	公告号
20	西班牙	拉曼恰	La Mancha	国家知识产权局公告第四〇七号
21	西班牙	瓦尔德佩涅斯	Valdepeñas	国家知识产权局公告第四〇七号
22	西班牙	雪莉白兰地	Brandy de Jerez	国家知识产权局公告第四〇七号
23	西班牙	蒙切哥乳酪	Queso Manchego	国家知识产权局公告第四〇七号
24	西班牙	赫雷斯 - 雪莉 / 雪莉	Jerez / Xérès / Sherry	国家知识产权局公告第四〇七号
25	西班牙	纳瓦拉	Navarra	国家知识产权局公告第四〇七号
26	西班牙	瓦伦西亚	Valencia	国家知识产权局公告第四〇七号
27	法国	阿尔萨斯	Alsace	国家知识产权局公告第四〇七号
28	法国	雅文邑	Armagnac	国家知识产权局公告第四〇七号
29	法国	博若莱	Beaujolais	国家知识产权局公告第四〇七号
30	法国	勃艮第	Bourgogne	国家知识产权局公告第四〇七号
31	法国	卡尔瓦多斯	Calvados	国家知识产权局公告第四〇七号
32	法国	夏布利	Chablis	国家知识产权局公告第四〇七号
33	法国	教皇新堡	Châteauneuf-du-Pape	国家知识产权局公告第四〇七号
34	法国	普罗旺斯丘	Côtes de Provence	国家知识产权局公告第四〇七号
35	法国	罗讷河谷	Côtes du Rhône	国家知识产权局公告第四〇七号
36	法国	露喜龙丘	Côtes du Roussillon	国家知识产权局公告第四〇七号
37	法国	朗格多克	Languedoc	国家知识产权局公告第四〇七号
38	法国	奥克地区	Pays d'Oc	国家知识产权局公告第四〇七号
39	匈牙利	托卡伊葡萄酒	Tokaj	国家知识产权局公告第四〇七号

续表

序号	国家	地理标志产品中文名称	地理标志产品原文名称	公告号
40	意大利	摩德纳香醋	Aceto balsamico di Modena	国家知识产权局公告第四〇七号
41	意大利	艾斯阿格	Asiago	国家知识产权局公告第四〇七号
42	意大利	阿斯蒂	Asti	国家知识产权局公告第四〇七号
43	意大利	巴巴列斯科	Barbaresco	国家知识产权局公告第四〇七号
44	意大利	超级巴多利诺	Bardolino Superiore	国家知识产权局公告第四〇七号
45	意大利	巴罗洛	Barolo	国家知识产权局公告第四〇七号
46	意大利	布拉凯多	Brachetto d'Acqui	国家知识产权局公告第四〇七号
47	意大利	瓦特里纳风干牛肉火腿	Bresaola della Valtellina	国家知识产权局公告第四〇七号
48	意大利	布鲁内洛蒙塔奇诺	Brunello di Montalcino	国家知识产权局公告第四〇七号
49	意大利	圣康帝	Chianti	国家知识产权局公告第四〇七号
50	意大利	科内利亚诺瓦尔多比亚德尼－普罗塞克	Conegliano - Valdobbiadene - Prosecco	国家知识产权局公告第四〇七号
51	意大利	阿尔巴杜塞托	Dolcetto d'Alba	国家知识产权局公告第四〇七号
52	意大利	弗朗齐亚科达	Franciacorta	国家知识产权局公告第四〇七号
53	意大利	戈贡佐拉	Gorgonzola	国家知识产权局公告第四〇七号
54	意大利	格拉帕酒	Grappa	国家知识产权局公告第四〇七号
55	意大利	蒙帕塞诺阿布鲁佐	Montepulciano d'Abruzzo	国家知识产权局公告第四〇七号
56	意大利	坎帕尼亚水牛马苏里拉奶酪	Mozzarella di Bufala Campana	国家知识产权局公告第四〇七号
57	意大利	帕马森雷加诺	Parmigiano Reggiano	国家知识产权局公告第四〇七号
58	意大利	佩克利诺罗马羊奶酪	Pecorino Romano	国家知识产权局公告第四〇七号
59	意大利	圣达涅莱火腿	Prosciutto di San Daniele	国家知识产权局公告第四〇七号

续表

序号	国家	地理标志产品中文名称	地理标志产品原文名称	公告号
60	意大利	苏瓦韦	Soave	国家知识产权局公告第四〇七号
61	意大利	塔雷吉欧乳酪	Taleggio	国家知识产权局公告第四〇七号
62	意大利	托斯卡诺 / 托斯卡纳	Toscano / Toscana	国家知识产权局公告第四〇七号
63	意大利	蒙特普齐亚诺贵族葡萄酒	Vino nobile di Montepulciano	国家知识产权局公告第四〇七号
64	立陶宛	立陶宛原味伏特加	Originali lietuviška degtinė / Original Lithuanian vodka	国家知识产权局公告第四〇七号
65	奥地利	施泰尔南瓜籽油	Steirisches Kürbiskernöl	国家知识产权局公告第四〇七号
66	波兰	波兰伏特加	Polska Wódka / Polish Vodka	国家知识产权局公告第四〇七号
67	葡萄牙	阿兰特茹	Alentejo	国家知识产权局公告第四〇七号
68	葡萄牙	杜奥	Dão	国家知识产权局公告第四〇七号
69	葡萄牙	杜罗	Douro	国家知识产权局公告第四〇七号
70	葡萄牙	西罗沙梨	Pêra Rocha do Oeste	国家知识产权局公告第四〇七号
71	葡萄牙	波特酒	Porto / Port / Oporto	国家知识产权局公告第四〇七号
72	葡萄牙	葡萄牙绿酒	Vinho Verde	国家知识产权局公告第四〇七号
73	罗马尼亚	科特纳里葡萄酒	Cotnari	国家知识产权局公告第四〇七号
74	斯洛伐克	托卡伊葡萄酒产区	Vinohradnícka oblasťTokaj	国家知识产权局公告第四〇七号
75	斯洛文尼亚	多丽娜葡萄酒	Vipavska dolina	国家知识产权局公告第四〇七号
76	芬兰	芬兰伏特加	Suomalainen Vodka / Finsk Vodka / Vodka of Finland	国家知识产权局公告第四〇七号
77	瑞典	瑞典伏特加	Svensk Vodka / Swedish Vodka	国家知识产权局公告第四〇七号
78	比利时、德国、法国、荷兰	仁内华	Genièvre / Jenever / Genever	国家知识产权局公告第四〇七号
79	塞浦路斯、希腊	乌佐茴香酒	Ούζο / Ouzo	国家知识产权局公告第四〇七号

附录 4　2021 年认定国内地理标志产品地域分布

序号	省份	地理标志产品数量（个）
1	河北省	3
2	山西省	1
3	黑龙江省	1
4	安徽省	3
5	山东省	1
6	广东省	3
7	广西壮族自治区	1
8	四川省	1
9	贵州省	3
10	云南省	2
11	新疆维吾尔自治区	1
合计		20

附录5 2018—2021年认定国内地理标志产品地域分布

序号	省份	地理标志产品数量（个）
1	河北省	4
2	山西省	1
3	内蒙古自治区	1
4	辽宁省	5
5	吉林省	3
6	黑龙江省	8
7	江苏省	1
8	安徽省	10
9	福建省	1
10	江西省	8
11	山东省	2
12	河南省	1
13	湖南省	8
14	广东省	15
15	广西壮族自治区	5
16	四川省	5
17	贵州省	12
18	云南省	2
19	西藏自治区	1
20	陕西省	3
21	甘肃省	1
22	新疆维吾尔自治区	1
合计		98

附录 6　截至 2021 年底累计认定地理标志产品地域分布（国内产品）

序号	省份	地理标志产品数量（个）
1	北京市	13
2	天津市	13
3	河北省	73
4	山西省	27
5	内蒙古自治区	41
6	辽宁省	89
7	吉林省	53
8	黑龙江省	75
9	上海市	12
10	江苏省	91
11	浙江省	114
12	安徽省	86
13	福建省	108
14	江西省	62
15	山东省	81
16	河南省	116
17	湖北省	165
18	湖南省	83
19	广东省	165
20	广西壮族自治区	92
21	海南省	12
22	重庆市	14
23	四川省	294
24	贵州省	150
25	云南省	64
26	西藏自治区	35
27	陕西省	86
28	甘肃省	68
29	青海省	16
30	宁夏回族自治区	13
31	新疆维吾尔自治区	39
合计		2350

附录 7 截至 2021 年底累计认定地理标志产品地域分布（国外产品）

序号	国家	地理标志产品数量（个）
1	爱尔兰	2
2	奥地利	1
3	波兰	1
4	丹麦	1
5	德国	5
6	法国	63
7	芬兰	1
8	捷克	2
9	立陶宛	1
10	罗马尼亚	1
11	美国	1
12	墨西哥	1
13	葡萄牙	6
14	瑞典	1
15	塞浦路斯	1
16	斯洛伐克	1
17	斯洛文尼亚	1
18	希腊	5
19	西班牙	12
20	匈牙利	1
21	意大利	26
22	英国	4
23	比利时、德国、法国、荷兰	1
24	塞浦路斯、希腊	1
合计		140

附录 8　2021 年以地理标志作为集体商标、证明商标注册情况

序号	商标名称	商标图样	类别	注册号	序号	商标名称	商标图样	类别	注册号
1	五峰宜红茶	五峰宜红茶	30	26667468	15	楼王鲫鱼	楼王鲫鱼	31	38189815
2	五峰宜红茶	五峰宜红茶	30	26667469	16	南四湖蒲草	南四湖蒲草 nansihupucao	20	38407257
3	江津大茶树	江津大茶树	31	30415237	17	贡山草果	贡山草果	30	38613605
4	杭州龙井	杭州龙井	30	32115040	18	中扬小龙虾	中扬小龙虾	31	38644677
5	泸宁鸡	泸宁鸡	31	32665323	19	中扬青虾	中扬青虾	31	38644678
6	伊犁蜂蜜	伊犁蜂蜜	30	34924311	20	日土白绒山羊绒	日土白绒山羊绒	22	38673989
7	潼南罗盘山生姜	潼南罗盘山生姜	31	35684967	21	涡阳坛闷蒜	涡阳坛闷蒜	29	38674134
8	三汊河莲藕	三汊河莲藕	31	36122764	22	房山黄芩	房山黄芩	31	38704338
9	钟山贡柑	钟山贡柑	31	36344447	23	逄家桃园地瓜	逄家桃园地瓜	31	38802217
10	栾城黑土豆	栾城黑土豆	31	36492282	24	无极太子参	无极太子参	5	38895705
11	公安柑橘	公安柑橘	31	37503932	25	钟山英家大头菜	钟山英家大头菜	29	38932225
12	松江沥蟹	松江沥蟹	31	37945362	26	茌平甲鱼	茌平甲鱼	31	39057029
13	荥经天麻	荥经天麻	5	37945905	27	茌平乌鳢	茌平乌鳢	31	39057030
14	潜山瓜蒌	潜山瓜蒌	31	37972807	28	广饶鲶鱼	广饶鲶鱼	31	39145887
					29	小岞紫菜	小岞紫菜	29	39172631

续表

序号	商标名称	商标图样	类别	注册号	序号	商标名称	商标图样	类别	注册号
30	小岞鱿鱼	小岞鱿鱼	29	39172632	46	松溪茶油	松溪茶油	29	40549702
31	小岞虾仁	小岞虾仁	29	39172633	47	顺昌红泥笋	顺昌红泥笋	31	40711251
32	孟连花花生	孟连花花生	31	39200318	48	圣土山黑猪	圣土山黑猪	29	40813637
33	眉山春橘	眉山春橘	31	39200362	49	鹿泉茄子	鹿泉茄子	31	41000928
34	道前街烧鸡	道前街烧鸡	29	39351883	50	政和茭白	政和茭白	31	41000978
35	武平辣椒	武平辣椒	31	39672053	51	政和茭白	政和茭白	31	41000979
36	武平竹笋	武平竹笋	31	39672054	52	新化魔芋	新化魔芋	31	41043757
37	新河草编	新河草编	20	39762111	53	禄丰香醋	禄丰香醋	30	41164487
38	德庆高良富笋 DQGLFS	DQGLFS 德庆高良富笋	31	39762346	54	申河口西瓜	申河口西瓜	31	41449604
39	舒城薄壳山核桃	舒城薄壳山核桃	31	39862439	55	开原林下参	开原林下参	5	41626222
40	NA 南安蜂蜜 NAN AN HONEY	南安蜂蜜 NAN AN HONEY	30	39892650	56	左权黑山羊	左权黑山羊	31	41655393
41	尤溪联合田埂豆	尤溪联合田埂豆	31	39924867	57	元江番荔枝	元江番荔枝	31	41741681
42	城步竹笋	城步竹笋	29	40235900	58	伦镇蚯蚓	伦镇蚯蚓	31	41837563
43	云县山地黑肉鸡	云县山地黑肉鸡	31	40432488	59	筠连桐子叶泡粑	筠连桐子叶泡粑	30	41907876
44	云县山地黑肉鸡	云县山地黑肉鸡	29	40432553	60	泸定山木耳	泸定山木耳	29	42227825
45	乐安竹笋	乐安竹笋	31	40520510	61	克什克腾旗羊肉	克什克腾旗羊肉	29	42256533

续表

序号	商标名称	商标图样	类别	注册号	序号	商标名称	商标图样	类别	注册号
62	克什克腾旗牛肉	克什克腾旗牛肉	29	42256534	79	洪湖藕带	洪湖藕带	31	31756377
63	荣县肉兔	荣县肉兔	31	42393695	80	即墨湍湾大蒜	即墨湍湾大蒜	31	29465795
64	荣县绿茶	荣县绿茶	30	42393709	81	圣埃米利永	圣埃米利永	33	34227160
65	荣县椪柑	荣县椪柑	31	42393726	82	SAINT-EMILION	Saint-Emilion	33	34227161
66	荣县花茶	荣县花茶	30	42541737	83	衡水鸭蛋	衡水鸭蛋	29	34774785
67	乡城藏香	乡城藏香	3	43206302	84	无棣虾酱	无棣虾酱	29	35276756
68	惜字洲江蟹	惜字洲江蟹	31	43249261	85	延庆国光苹果	延庆国光苹果	31	35583198
69	淮北麻鸡	淮北麻鸡	29	43249679	86	美姑大红袍花椒	美姑大红袍花椒	30	38990561
70	威宁黄牛	威宁黄牛	29	43249816	87	陈岱长寿菜	陈岱长寿菜	31	39172634
71	美姑岩鹰鸡	美姑岩鹰鸡	29	43286499	88	古蔺猕猴桃	古蔺猕猴桃	31	40392415
72	吴家堡大米	吴家堡大米	30	43304981	89	定西粉条	定西粉条	30	40432772
73	河曲黑豆	河曲黑豆	30	43581336	90	双牌虎爪姜	双牌虎爪姜	31	40754229
74	东宋仔猪	东宋仔猪	31	43679115	91	桑墟榆叶梅	桑墟榆叶梅	31	40937765
75	缙云爽面	缙云爽面	30	43931342	92	波密羊肚菌 BOMI MORCHELLA ESCULENTA	波密羊肚菌	29	41043163
76	牡丹江大米	牡丹江大米	30	46602427	93	政和镇前小辣椒	政和镇前小辣椒	31	41164484
77	长宁枇杷	长宁枇杷	31	34317145	94	政和镇前小西红柿	政和镇前小西红柿	31	41198222
78	洪湖莲藕	洪湖莲藕	31	31756375					

续表

序号	商标名称	商标图样	类别	注册号	序号	商标名称	商标图样	类别	注册号
95	茶陵白芷	茶陵白芷	5	41377263	111	望城鲌鱼	望城鲌鱼	31	43281056
96	沾化海蜇	沾化海蜇	29	41377430	112	宁南生丝	宁南生丝	22	43354032
97	乐亭韭菜	樂亭韭菜	31	41710768	113	大黄竹编	大黄竹编	20	43382345
98	南展大米	南展大米	30	41777298	114	井陉窑	井陉窑	21	43462496
99	平顺大红袍花椒	平顺大红袍花椒	30	41837561	115	宝应黄颡鱼	宝应黄颡鱼	31	43679116
100	伊通黑猪	伊通黑猪	31	41837811	116	宝应鳜鱼	宝应鳜鱼	31	43679117
101	正山小种	正山小种	30	41866603	117	芦花荡大米	芦花荡大米	30	44122459
102	正山小种	正山小种 ZHENG SHAN XIAO ZHONG	30	41866604	118	南皮彩麦	南皮彩麦	31	44122465
103	琼海温泉鹅	琼海温泉鹅	29	42488133	119	定兴太平萝卜	定兴太平萝卜	31	44816456
104	潮州单丛茶	潮州单丛茶	30	42507916	120	永平木莲花	永平木莲花	31	44997036
105	东湖山 溪南东湖山米粉 H		30	42592040	121	河口文蛤	河口文蛤	31	45071435
106	临桂马蹄	临桂马蹄	31	42694462	122	周宁高山百合	周宁高山百合	31	45198024
107	喜德燕麦	喜德燕麦	30	42867057	123	横溪七仙银芽茶	横溪七仙银芽茶	30	35474591
108	阿拉善右旗驼奶	阿拉善右旗驼奶	29	42941114	124	涡阳硬质小麦	涡阳硬质小麦	31	36363468
109	蔚县小米	蔚县小米	30	43059678	125	定州缂丝	定州缂丝	24	37433028
110	桦甸紫苏	桦甸紫苏	31	43249285	126	张家界黑猪	張家界黑猪	29	39465130

续表

序号	商标名称	商标图样	类别	注册号	序号	商标名称	商标图样	类别	注册号
127	张家界黑猪	張家界黑猪	31	39446840	143	奉节腊肉	奉节腊肉	29	39351880
128	洮南小冰麦面粉	洮南小冰麦面粉	30	41043994	144	革吉牦牛	革吉牦牛	31	39445509
129	洮南小冰麦	洮南小冰麦	31	41043971	145	革吉羊	革吉羊	31	39446045
130	乐亭草莓	樂亭草莓	31	41710767	146	金平诺玛飞鸡	金平诺玛飞鸡	29	39485287
131	张班庄粉条	张班庄粉条	30	42227881	147	香格里拉牦牛	香格里拉牦牛	29	39643505
132	南安高茹芋头	南安高茹芋头	31	42742396	148	香格里拉藏香猪	香格里拉藏香猪	31	39643773
133	张家界茶	张家界茶	30	43177452	149	唐河桐蛋	唐河桐蛋	29	40209421
134	张家界莓茶	张家界莓茶	30	43179570	150	湘潭乌石腊肉	湘潭乌石腊肉	29	40432595
135	威宁乌金猪	威宁乌金猪	29	43249818	151	菏泽胡萝卜	菏泽胡萝卜	31	40432769
136	威宁大白菜	威宁大白菜	31	43249819	152	菏泽甘蓝	菏泽甘蓝	31	40432770
137	临沭地瓜	临沭地瓜	31	48514275	153	黑井石榴 黑井	黑井石榴	31	40753483
138	桑植粽叶	桑植粽叶	31	48886845	154	乐天溪板栗	乐天溪板栗	31	41377440
139	滨州棉	滨州棉	22	32805343	155	尹集驴肉	尹集驴肉	29	41777292
140	巨鹿大紫枣	巨鹿大紫枣	31	35845504	156	单县黑猪	单县黑猪	31	41837569
141	尚庄番茄	尚庄番茄	31	38744870	157	林芝茶叶	林芝茶叶	30	42227824
142	奉节橄榄油	奉节橄榄油	29	39351879	158	周宁高山杜鹃	周宁高山杜鹃	31	45198025

续表

序号	商标名称	商标图样	类别	注册号	序号	商标名称	商标图样	类别	注册号
159	达日牦牛肉	达日牦牛肉	29	34317045	175	沱湖咸鸭蛋	沱湖咸鸭蛋	29	38674133
160	长宁甜梨	长宁甜梨	31	34316097	176	芦山白茶	芦山白茶	30	38288154
161	长宁竹林鸡	长宁竹林鸡	31	34563383	177	茌平鳅鱼	茌平鳅鱼	31	38894848
162	尤溪联合大米		30	39924866	178	茌平草鱼	茌平草鱼	31	38894849
163	香格里拉豪猪	香格里拉豪猪	31	40122688	179	定西胡麻油	定西胡麻油	29	40432771
164	古蔺丫杈猪	古蔺丫杈猪	29	40432649	180	松溪青瓷	松溪青瓷	21	40901027
165	古蔺丫杈猪	古蔺丫杈猪	31	40432650	181	威远无花果	威远无花果	31	41837347
166	招远苹果	招远苹果	31	43249290	182	永昌胡萝卜	永昌胡萝卜	31	33775133
167	南涧无量山甘蔗		31	28285424	183	北屯瓜子	北屯瓜子	29	47589461
168	梧州六堡茶 WUZHOU LIUPAO TEA	梧州六堡茶 WUZHOU LIUPAO TEA	30	32401277	184	闻喜西瓜	闻喜西瓜	31	45942771
169	常德柳叶鲫	常德柳叶鲫	31	41683377	185	通城紫苏	通城紫苏 TONGCHENGZISU	31	29345555
170	冶山贡鸡	冶山贡雞	31	33206826	186	德兴覆盆子	德兴覆盆子	5	36236217
171	中子月饼	中子月饼 zhong zi yue bing	30	33410694	187	斗门荔枝	斗门荔枝	31	36301280
172	津市藠果	津市藠果	31	42127008	188	泸县龙眼	泸县龙眼	31	38317492
173	龙岩山麻鸭	龙岩山麻鸭	29	22178758	189	冶山贡鸡	冶山貢雞	29	38745311
174	龙岩山麻鸭	龙岩山麻鸭	31	22178760	190	舒城油桐	舒城油桐	31	39862440

续表

序号	商标名称	商标图样	类别	注册号	序号	商标名称	商标图样	类别	注册号
191	文登油桃	文登油桃	31	39924891	207	稷山葡萄	稷山葡萄	31	45737063
192	丹棱不知火	丹棱不知火	31	40273558	208	长街蛏子	长街蛏子	31	46825030
193	鱼城蜜桃	鱼城蜜桃	31	40937767	209	图木舒克冬枣	图木舒克冬枣	31	47589475
194	鱼城辣椒	鱼城辣椒	31	40937768	210	龙湾灵伟白啄瓜	龙湾灵伟白啄瓜	31	48817655
195	临猗冬枣	临猗冬枣	31	41626209	211	白水塘白对虾	白水塘白对虾	31	24241852
196	乐亭大樱桃	乐亭大樱桃	31	41710769	212	鄂尔多斯红葱	鄂尔多斯红葱	31	31315051
197	平岗鲜桃	平岗鲜桃	31	41741300	213	沙县蜂蜜	沙县蜂蜜	30	39801140
198	洞桥大米	洞桥大米	30	41866607	214	中山五桂山沉香	中山五桂山沉香	5	33488169
199	东明甜瓜	东明甜瓜	31	42069782	215	良庆百香果	良庆百香果	31	45405254
200	克什克腾旗土黑猪肉	克什克腾旗土黑猪肉	29	42256532	216	兴隆咖啡 XING LONG COFFEE	兴隆咖啡 XING LONG COFFEE	30	17721340
201	遂宁豆腐干	遂宁豆腐干	29	43074025	217	万宁鹧鸪茶	万宁鹧鸪茶	30	37200895
202	隆安香蕉 LONG AN BANANA	隆安香蕉 LONG AN BANANA	31	43462558	218	张西堡葡萄	张西堡葡萄	31	41777289
203	栾川蕙兰	栾川蕙兰	31	43841026	219	曲阳定瓷	曲阳定瓷	21	48527986
204	慈溪秘色瓷	慈溪秘色瓷	21	45197945	220	曲阳定窑	曲阳定窑	21	48538847
205	射洪凤来鸡	射洪凤来鸡	31	45482080	221	南阳艾	南阳艾	5	41173195
206	稷山柴胡	稷山柴胡	5	45737062	222	通城毫绿	通城毫绿	30	33153879

续表

序号	商标名称	商标图样	类别	注册号	序号	商标名称	商标图样	类别	注册号
223	红安苕	红安苕	31	34744151	239	嘉兴粽子	嘉兴粽子	30	45033181
224	新化杨梅	新化杨梅	31	51127133	240	象山红美人	象山红美人	31	38091313
225	东辽黑猪		29	28658364	241	宜陵菜油	宜陵菜油	29	40520512
226	东辽黑猪		31	28658365	242	乐至黑山羊	乐至黑山羊	29	40753871
227	东明草莓	东明草莓	31	42256961	243	乐至黑山羊	乐至黑山羊	31	40753567
228	曹县芍药	曹县芍药	31	42499860	244	炉霍藏香	炉霍藏香	3	42554789
229	长宁凉糕	长宁凉糕	30	31023753	245	康定羊肚菌	康定羊肚菌	29	31996817
230	雨城江鳅鱼	雨城江鳅鱼	29	36236286	246	海林猴头菇	海林猴头菇	29	35344600
231	雨城江鳅鱼	雨城江鳅鱼	31	36236289	247	浏阳豆豉	浏阳豆豉	30	37338389
232	古蔺甜橙	古蔺甜橙	31	40392413	248	黄墩螃蟹	黄墩螃蟹	31	39515793
233	资中高楼不知火	资中高楼不知火	31	40463091	249	德兴铁皮石斛	德兴铁皮石斛	5	39643427
234	泽普苹果	泽普苹果	31	38746069	250	香格里拉琵琶肉	香格里拉琵琶肉	29	39643504
235	保山南红玛瑙玉雕保山南红		14	35684323	251	武夷山大红袍	武夷山大红袍 WU YI SHAN DA HONG PAO	30	41866606
236	保山南红玛瑙玉雕保山南红		14	35705124	252	获嘉大米	获嘉大米	30	42836822
237	保山南红玛瑙玉雕		14	38448582	253	南漳魔芋	南漳魔芋	31	46014083
238	保山南红玛瑙玉雕		14	38448585	254	虞城苹果	虞城苹果	31	33629431

续表

序号	商标名称	商标图样	类别	注册号	序号	商标名称	商标图样	类别	注册号
255	南城麻姑米	南城麻姑米	30	28484500	271	宁夏枸杞	宁 宁夏枸杞	5	25565963
256	通道蓝靛	通道蓝靛	2	34744613	272	宁夏枸杞	宁夏枸杞	5	25565964
257	五里街韭菜	五里街韭菜	31	45481812	273	宁夏枸杞	宁夏枸杞	5	25565965
258	太仆寺旗藜麦	太仆寺旗藜麦	31	53445793	274	邳州苔干	邳州苔干	29	43349637
259	抚仙湖抗浪鱼	抚仙湖抗浪鱼	31	22705578	275	平和 粗鳞鱼 平和 PINGHE RAW CSALES FISH	平和	29	34744754
260	洞头紫菜	洞头紫菜	29	34895553	276	福安白茶	福安白茶	30	35073374
261	西畴乌骨鸡	西畴乌骨鸡	31	44897489	277	闽清青白瓷	闽清青白瓷	21	41377208
262	蔡雅黑青稞	蔡雅黑青稞	30	39643415	278	安砂淮山	安砂淮山	5	43781015
263	白朗香瓜	白朗香瓜	31	43181636	279	新村芦蒿	新村芦蒿	31	43537554
264	射洪红心猕猴桃	射洪红心猕猴桃	31	45482079	280	兴隆咖啡	兴隆咖啡	30	29303431
265	射洪黑花生	射洪黑花生	31	45482081	281	德兴葛	德兴葛	5	40273559
266	雁江蜜柑	雁江蜜柑	31	34022606	282	怀远糯米	怀远糯米	30	41597378
267	德格黑藏纸	德格黑藏纸	16	42742391	283	温州大黄鱼 WENZHOU LARGE YELLOW CROAKER	温州大黄鱼	31	43889693
268	冕宁橄榄油	冕宁橄榄油	29	43074001					
269	遂宁红薯	遂宁红薯	31	45197954	284	大竹白茶	大竹白茶	30	45198006
270	永安粉条	永安粉条	30	32805275	285	永善枇杷	永善枇杷	31	48817678

续表

序号	商标名称	商标图样	类别	注册号	序号	商标名称	商标图样	类别	注册号
286	定州黑小麦	定州黑小麦	31	50240515	302	乌溪蟹苗	乌溪蟹苗	31	41741491
287	高要广藿香 广藿香	广藿香	5	50856915	303	攸县香干	攸县香干	29	42288593
288	青州皇尊蜜梨	青州皇尊蜜梨	31	28633714	304	东台大米 DONG TAI RICE	东台大米	30	42554658
289	乳山喜饼	喜饼 RUSHANXIBING	30	32555798	305	宣笔	宣笔	16	42909318
290	屈原龙虾	屈原龙虾	31	34316699	306	涉县黑枣	涉县黑枣	29	42941116
291	曲水玫瑰	曲水玫瑰	31	34745910	307	天长大米	天长大米	30	43616922
292	磁灶陶瓷磁	磁	19	34858446	308	贵德冬小麦	贵德冬小麦	31	43795758
293	盘城葡萄	盘城葡萄	31	35632301	309	河口对虾	河口对虾	31	45071439
294	莎车巴旦姆	莎车巴旦姆	31	38746077	310	宝应核桃乌	宝应核桃乌	31	45578046
295	泰和小龙虾	泰和小龙虾	31	38895008	311	小窑瓜蒌	小窑瓜蒌	5	45736985
296	麦盖提灰枣	麦盖提灰枣	29	39173046	312	云县滇龙胆	云县滇龙胆	5	46729075
297	宁乡五里堆香干	宁乡五里堆香干	29	40235925	313	螺髻山黑猪	螺髻山黑猪	29	46790193
298	崇阳白茶	崇阳白茶	30	40753632	314	安仁大米	安仁大米	30	46901400
299	大树营水蜜桃	大树营水蜜桃	31	41198294	315	定州羔羊肉	定州羔羊肉	29	47247580
300	美姑核桃	美姑核桃	29	41741679	316	甘南赤芍	甘南赤芍	5	49295699
301	美姑核桃	美姑核桃	31	41741304	317	杜泽菱白	杜泽菱白	31	49759602

145

续表

序号	商标名称	商标图样	类别	注册号	序号	商标名称	商标图样	类别	注册号
318	高台黑番茄 GAOTAI BLACK TOMATO		31	34425967	333	霍邱芡实	霍邱芡实	31	37338829
319	福安绿茶	福安绿茶	30	35073373	334	西林麻鸭	西林麻鸭	31	37945859
320	京山鸡蛋	京山鸡蛋	29	35158350	335	磜头脐橙	磜头脐橙	31	38449831
321	伽师羊肉	伽师羊肉	29	38746066	336	疏附开心果	疏附开心果	31	38746075
322	汪清黑木耳		29	39672470	337	龙池鲫鱼	龙池鲫鱼	29	38894651
323	安丘大葱	安丘大葱	31	42519380	338	美姑芸豆	美姑芸豆	31	39056648
324	屏南兰花 PINGNAN ORCHID		31	45198201	339	蕉城白眉山羊	蕉城白眉山羊	31	39200364
325	南涧无量山核桃		31	28106353	340	唐县大枣	唐县大枣	29	39415072
326	高台辣椒		31	29379412	341	盐亭贡柑	盐亭贡柑	31	39485311
327	龙里豌豆尖	龙里豌豆尖	31	31294439	342	埇桥大豆	埇桥大豆	31	39544986
328	万荣香菇	万荣香菇	31	31757416	343	埇桥山羊	埇桥山羊	31	39762109
329	万荣香菇	万荣香菇	29	31757417	344	垫江黄豆	垫江黄豆	31	39801120
330	霍山灵芝 GANODERMA LUCIDUM		5	32699086	345	建德西红花	建德西红花	5	39892646
331	无棣半滑舌鳎	无棣半滑舌鳎	31	34895677	346	万宁金椰子		31	39965662
332	慈口柑桔	慈口柑桔	31	34924199	347	唐县核桃	唐县核桃	31	40151904
					348	新化红心李	新化红心李	31	40235926

续表

序号	商标名称	商标图样	类别	注册号	序号	商标名称	商标图样	类别	注册号
349	祁东黄花菜	祁东黄花菜	31	41969752	365	籍田贡枣	籍田贡枣	31	44070652
350	喜德乌金猪	喜德乌金猪	29	42836793	366	怀来葡萄 P	怀来葡萄	31	48091729
351	宁都辣椒	宁都辣椒	31	43781011	367	太平大枣	太平大枣	31	36260152
352	本溪老红根小米	本溪老红根小米	30	43781043	368	资中血橙 BLOOD ORANGE ZIZHONG	资中血橙	31	37739885
353	大林梨	大林梨	31	43980778	369	进贤文笔	进贤文笔	16	39146130
354	籍田贡米	籍田贡米	30	44036704	370	鹿泉核桃	鹿泉核桃	31	40869650
355	PROSECCO	PROSECCO	33	15449282	371	慈利厚朴	慈利厚朴	5	42031957
356	安丰卜页	安丰	29	36294243	372	慈利五倍子	慈利五倍子	5	42031958
357	美姑乌金猪	美姑乌金猪	29	39020112	373	威宁芸豆	威宁芸豆	31	43249820
358	美姑乌金猪	美姑乌金猪	31	39020034	374	泸州桂圆	泸州桂圆	29	43904784
359	札达杏子酒	札达杏子酒	33	29465797	375	泸州桂圆	泸州桂圆	31	43908568
360	焦溪翠冠梨	焦溪翠冠梨	31	33817102	376	闻喜黄芩	闻喜黄芩	5	45942776
361	蕉城晚熟龙眼 LATE RIPE LONG'AN FROM JIAO CHENG D.C		31	40273400	377	螺髻山乌骨鸡	螺髻山乌骨鸡	29	46734491
362	鹿泉红薯	鹿泉红薯	31	40813204	378	高邮湖 高邮湖黄颡鱼 GAO YOU HU PELTEOBAGRUS	高邮湖黄颡鱼	31	47096868
363	美姑芫根萝卜	美姑芫根萝卜	31	41449509	379	双柏黑山羊	双柏黑山羊	31	47195419
364	美姑马铃薯	美姑马铃薯	31	41866586	380	梅塘杨桃	梅塘杨桃	31	48070197

序号	商标名称	商标图样	类别	注册号	序号	商标名称	商标图样	类别	注册号
381	红古核桃		29	48441312	397	夷陵牛		31	32260695
382	平潭筋骨草 PINGTAN AJUGA DECUMBENS THUNB.		5	48668200	398	长宁冷泉鱼		31	34563270
383	拜城油鸡		31	48991915	399	通道侗锦		24	34744605
384	福鼎栀子花		31	49004630	400	塔卧石雕		19	38448625
385	高平山茱萸		5	49267431	401	保康天麻		5	38542763
386	湖口螃蟹		31	49445667	402	波密蜂蜜 BOMI HONEY		30	41043161
387	大田柿花		29	49782867	403	慈利陈皮		5	42031959
388	鹿泉苹果		31	49967281	404	白朗黑苦荞		30	43042120
389	D 安达小米		30	50360633	405	浦江竹叶熏腿		29	43105450
390	怀集茶秆竹		20	50667429	406	贵德蜂蜜		30	43809163
391	焦半夏		5	51033678	407	安图林蛙		31	43830930
392	皂河贡米		30	51127362	408	大名草编		20	45405292
393	栾城无花果		31	51956895	409	磨坪贡茶		30	45860369
394	筠连苗家黄牛干巴		29	52682943	410	闻喜苹果		31	45942773
395	三江三角宁地瓜		31	28455267	411	姚庄黄桃		31	46014178
396	夷陵牛雪花牛肉		29	32260694	412	兰溪枇杷		31	47291907

续表

序号	商标名称	商标图样	类别	注册号	序号	商标名称	商标图样	类别	注册号
413	滦南黄坨甘薯		31	48159112	429	六鳌地瓜	六鳌地瓜	31	51490782
414	桂花土陶	桂花土陶	19	48557760	430	洪湖荷叶茶	洪湖荷叶茶	30	51600492
415	桂花土陶	桂花土陶	21	48564582	431	马坝油粘	马坝油粘	30	51792650
416	浦江葡萄	浦江葡萄	31	48598493	432	乐至蚕茧	乐至蚕茧	22	51873679
417	井冈山大米	井冈山大米	30	48648273	433	乐至生丝	乐至生丝	22	51879429
418	下野地西瓜	下野地西瓜	31	48817748	434	盐亭母猪壳	盐亭母猪壳	31	51926625
419	兴宁单丛茶	兴宁单丛茶	30	48936530	435	襄阳大米	襄阳大米	30	52382690
420	壶天石羊	壶天石羊	31	48925427	436	五家渠甜瓜	五家渠甜瓜	31	52357919
421	苏庄樱桃	苏庄樱桃	31	49780439	437	三樟黄贡椒	三樟黄贡椒	31	52638513
422	谈桥千张	谈桥千张	29	49792736	438	乐陵小枣	乐陵小枣	29	52723746
423	谈桥豆豉	谈桥豆豉	30	49798556	439	乐陵小枣	乐陵小枣	31	52706533
424	沙县工夫茶	沙縣工夫茶	30	50240050	440	树山杨梅	树山杨梅	31	53166406
425	D 安达小麦		30	50360634	441	泽普骏枣	泽普骏枣	29	38746073
426	高要肉桂		5	50881053	442	新干䅟禾贡米	新干䅟禾贡米	30	38745274
427	苍南紫菜	苍南紫菜	29	50932323	443	凤来槐花李	凤来槐花李	31	45482078
428	普润稻田虾	普润稻田虾	31	51428285	444	理塘黄芪	理塘黄芪	5	46789973

续表

序号	商标名称	商标图样	类别	注册号	序号	商标名称	商标图样	类别	注册号
445	西南舁苹果	西南舁苹果	31	47398755	461	宁南蚕茧	宁南蚕茧	22	43297119
446	香格里拉藏鸡	香格里拉藏鸡	29	47781984	462	义乌蜜枣	义乌蜜枣	29	43509413
447	孟排大葱	孟排大葱	31	47965065	463	义乌枣	义乌枣	31	43509412
448	渭南华州黄金蜜桃	渭南华州黄金蜜桃	31	49114175	464	石屏杨梅	石屏杨梅	29	43951707
449	阎家河藕	阎家河藕	31	51141216	465	青岛对虾	青岛对虾	29	44168754
450	襄阳花鲢	襄阳花鲢	31	52458418	466	青岛对虾	青岛对虾	31	44164505
451	三江蜜柚	三江蜜柚	31	28455078	467	沙县豆干	沙县豆干	29	44833264
452	三江莲雾	三江莲雾	31	28455266	468	政和镇前魔芋	政和镇前魔芋	31	47965159
453	帕里牦牛	帕里牦牛	31	34316846	469	万州中蜂蜜	万州中蜂蜜	30	48428575
454	新沂大米	新沂大米	30	36736673	470	下野地樱桃	下野地樱桃	31	48817749
455	汉川河蟹	汉川河蟹	31	37483895	471	景泰甘草	景泰甘草 JINGTAIGANCAO	5	49561389
456	汉川龙虾	汉川龙虾	31	37491944	472	柘荣高山白茶	柘荣高山白茶	30	50512830
457	石城翻秋花生	石城翻秋花生	31	37945508	473	晴隆脐橙	晴隆脐橙	31	51845311
458	阳城蚕茧 YANGCHENG SILKWORM COCOON	阳城蚕茧 YANGCHENG SILKWORM COCOON	22	40520318	474	羊湖裸鲤	羊湖裸鲤	31	52256250
					475	察隅猕猴桃	察隅猕猴桃	31	52449715
459	闽清陶瓷 CERAMICS	闽清陶瓷 CERAMICS	21	41043335	476	BASMATI	BASMATI	30	36563918
460	光山麻鸭	光山麻鸭	31	42694524	477	BASMATI	Basmati	30	36563919

附录 9　2021 年以地理标志作为集体商标、证明商标注册地域分布（国别）

序号	国家	数量（件）
1	中国	472
2	法国	2
3	意大利	1
4	印度	2
合计		477

附录10　2021年以地理标志作为集体商标、证明商标注册国内地域分布（省份）

序号	省份	数量（件）
1	四川省	71
2	福建省	45
3	山东省	43
4	河北省	30
5	湖南省	29
6	云南省	27
7	湖北省	26
8	江苏省	25
9	安徽省	20
10	浙江省	19
11	山西省	14
12	西藏自治区	14
13	新疆维吾尔自治区	13
14	江西省	12
15	广东省	11
16	海南省	8
17	吉林省	8
18	甘肃省	7
19	广西壮族自治区	7
20	河南省	7
21	贵州省	6
22	内蒙古自治区	6
23	重庆市	6
24	黑龙江省	5
25	宁夏回族自治区	3
26	青海省	3
27	北京市	2
28	辽宁省	2
29	陕西省	2
30	上海市	1
合计		472

附录 11　截至 2021 年底以地理标志作为集体商标、证明商标注册地域分布（国别）

序号	国家	数量（件）
1	中国	6347
2	法国	154
3	意大利	24
4	美国	14
5	泰国	6
6	格鲁吉亚	3
7	英国	3
8	德国	2
9	墨西哥	2
10	西班牙	2
11	牙买加	2
12	印度	2
13	日本	1
合计		6562

附录 12　截至 2021 年底以地理标志作为集体商标、证明商标注册国内地域分布（省份）

序号	省份	数量（件）
1	山东省	855
2	福建省	594
3	四川省	552
4	湖北省	500
5	江苏省	379
6	云南省	310
7	重庆市	284
8	浙江省	280
9	河北省	255
10	湖南省	222
11	安徽省	205
12	内蒙古自治区	178
13	甘肃省	155
14	陕西省	143
15	辽宁省	141
16	西藏自治区	134
17	江西省	125
18	贵州省	117
19	新疆维吾尔自治区	108
20	黑龙江省	107
21	吉林省	102
22	河南省	102
23	广东省	97
24	山西省	95
25	海南省	93
26	广西壮族自治区	78
27	青海省	40
28	宁夏回族自治区	28
29	天津市	27
30	北京市	18
31	上海市	18
32	台湾	5
合计		6347

附录 13　地理标志产品保护标准体系框架及体系表

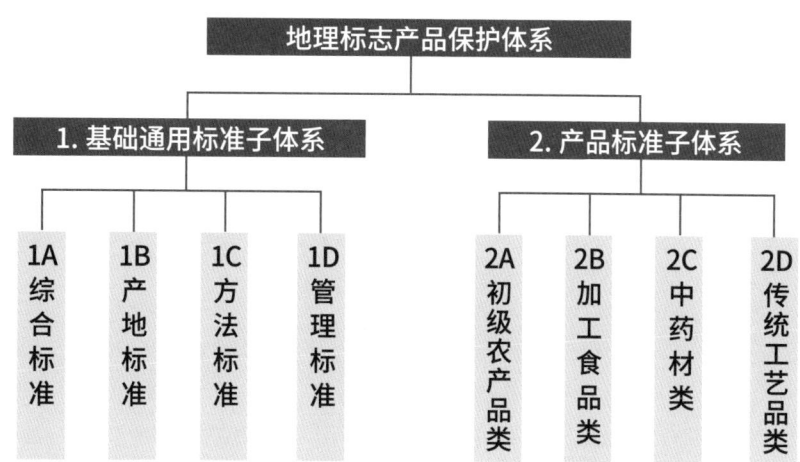

体系编号（一级）	体系编号（二级）	标准名称	标准编号/计划编号	标准层级	编制状态*
1 基础通用标准	1A 综合标准	地理标志产品标准通用要求	GB/T 17924—2008	国家标准	已发布
		地理标志 基础术语		国家标准	拟制定
		地理标志 产品命名规则		国家标准	拟制定
		地理标志 产品分类与编码规则		国家标准	已立项
		地理标志 产品保护要求编制指南		国家标准	拟制定
		地理标志 产品特定质量分析与确认技术规范		国家标准	拟制定
	1B 产地标准	地理标志 产地划分原则与要求		国家标准	拟制定
		地理标志 产地质量控制技术规范		国家标准	拟制定
		地理标志 产地关联性分析与确认指南	20214639—T—463	国家标准	拟制定
	1C 方法标准	地理标志 原产地鉴定技术指南		国家标准	拟制定
		地理标志 原产地溯源技术通则		国家标准	拟制定
	1D 管理标准	地理标志 潜在地理标志资源评估指南标准		国家标准	拟制定
		地理标志 可持续发展指南标准		国家标准	拟制定
		地理标志 区域经济贡献评价指标体系		国家标准	拟制定
		地理标志 会展与会销规范		国家标准	拟制定
2 产品标准	2A 初级农产品 59	地理标志产品 黄骅冬枣	GB/T 18740—2008	国家标准	已发布
		地理标志产品 盘锦大米	GB/T 18824—2008	国家标准	已发布
		地理标志产品 沾化冬枣	GB/T 18846—2008	国家标准	已发布
		地理标志产品 洞庭（山）碧螺春茶	GB/T 18957—2008	国家标准	已发布
		地理标志产品 烟台苹果	GB/T 18965—2008	国家标准	已发布

* 编制状态为截至 2021 年底情况。

续表

体系编号（一级）	体系编号（二级）	标准名称	标准编号/计划编号	标准层级	编制状态*
2 产品标准	2A 初级农产品 59	地理标志产品 南丰蜜桔	GB/T 19051—2008	国家标准	已发布
		地理标志产品 庆元香菇	GB/T 19087—2008	国家标准	已发布
		地理标志产品 五常大米	GB/T 19266—2008	国家标准	已发布
		地理标志产品 常山胡柚	GB/T 19332—2008	国家标准	已发布
		地理标志产品 沁州黄小米	GB/T 19503—2008	国家标准	已发布
		地理标志产品 露水河红松籽仁	GB/T 19505—2008	国家标准	已发布
		地理标志产品 吐鲁番葡萄	GB/T 19585—2008	国家标准	已发布
		地理标志产品 余姚杨梅	GB/T 19690—2008	国家标准	已发布
		地理标志产品 新昌花生（小京生）	GB/T 19693—2008	国家标准	已发布
		地理标志产品 平阴玫瑰	GB/T 19696—2008	国家标准	已发布
		地理标志产品 黄岩蜜桔	GB/T 19697—2008	国家标准	已发布
		地理标志产品 宁夏枸杞	GB/T 19742—2008	国家标准	已发布
		地理标志产品 抚远鲟鱼子、鳇鱼子、大麻（马）哈鱼子	GB/T 19853—2008	国家标准	已发布
		地理标志产品 库尔勒香梨	GB/T 19859—2005	国家标准	已发布
		地理标志产品 宝应荷（莲）藕	GB/T 19906—2005	国家标准	已发布
		地理标志产品 塘栖枇杷	GB/T 19908—2005	国家标准	已发布
		地理标志产品 建瓯锥栗	GB/T 19909—2005	国家标准	已发布
		地理标志产品 阳澄湖大闸蟹	GB/T 19957—2005	国家标准	已发布
		地理标志产品 鞍山南果梨	GB/T 19958—2005	国家标准	已发布
		地理标志产品 方正大米	GB/T 20040—2005	国家标准	已发布
		地理标志产品 赣南脐橙	GB/T 20355—2006	国家标准	已发布
		地理标志产品 广昌白莲	GB/T 20356—2006	国家标准	已发布
		地理标志产品 永福罗汉果	GB/T 20357—2006	国家标准	已发布
		地理标志产品 宝清红小豆	GB/T 20442—2006	国家标准	已发布
		地理标志产品 永春芦柑	GB/T 20559—2006	国家标准	已发布
		地理标志产品 大连海参	GB/T 20709—2006	国家标准	已发布
		地理标志产品 大连鲍鱼	GB/T 20710—2006	国家标准	已发布
		地理标志产品 中牟大白蒜	GB/T 21002—2007	国家标准	已发布
		地理标志产品 泰和乌鸡	GB/T 21004—2007	国家标准	已发布
		地理标志产品 泰兴白果	GB/T 21142—2007	国家标准	已发布
		地理标志产品 永春佛手	GB/T 21824—2008	国家标准	已发布
		地理标志产品 金乡大蒜	GB/T 22212—2008	国家标准	已发布
		地理标志产品 原阳大米	GB/T 22438—2008	国家标准	已发布
		地理标志产品 寻乌蜜桔	GB/T 22439—2008	国家标准	已发布
		地理标志产品 琼中绿橙	GB/T 22440—2008	国家标准	已发布

续表

体系编号（一级）	体系编号（二级）	标准名称	标准编号/计划编号	标准层级	编制状态*
2 产品标准	2A 初级农产品 59	地理标志产品 丁岙杨梅	GB/T 22441—2008	国家标准	已发布
		地理标志产品 瓯柑	GB/T 22442—2008	国家标准	已发布
		地理标志产品 昌平苹果	GB/T 22444—2008	国家标准	已发布
		地理标志产品 房山磨盘柿	GB/T 22445—2008	国家标准	已发布
		地理标志产品 大兴西瓜	GB/T 22446—2008	国家标准	已发布
		地理标志产品 南通长江河豚（养殖）	GB/T 22655—2008	国家标准	已发布
		地理标志产品 尤溪金柑	GB/T 22738—2008	国家标准	已发布
		地理标志产品 建莲	GB/T 22739—2008	国家标准	已发布
		地理标志产品 灵宝苹果	GB/T 22740—2008	国家标准	已发布
		地理标志产品 灵宝大枣	GB/T 22741—2008	国家标准	已发布
		地理标志产品 泌阳花菇	GB/T 22746—2008	国家标准	已发布
		地理标志产品 卢氏黑木耳	GB/T 23395—2009	国家标准	已发布
		地理标志产品 哈密瓜	GB/T 23398—2009	国家标准	已发布
		地理标志产品 延川红枣	GB/T 23401—2009	国家标准	已发布
		地理标志产品 增城丝苗米	GB/T 23402—2009	国家标准	已发布
		地理标志产品 红河灯盏花	GB/T 23404—2009	国家标准	已发布
		地理标志产品 宝清大白板南瓜籽	GB/T 24712—2009	国家标准	已发布
		地理标志产品 慈溪杨梅	GB/T 26532—2011	国家标准	已发布
		地理标志产品 梅里斯洋葱	GB/T 30723—2014	国家标准	已发布
	2B 加工食品 63	地理标志产品 绍兴酒（绍兴黄酒）	GB/T 17946—2008	国家标准	已发布
		地理标志产品 贵州茅台酒	GB/T 18356—2007	国家标准	已发布
		地理标志产品 宣威火腿	GB/T 18357—2008	国家标准	已发布
		地理标志产品 镇江香醋	GB/T 18623—2011	国家标准	已发布
		地理标志产品 水井坊酒	GB/T 18624—2007	国家标准	已发布
		地理标志产品 龙井茶	GB/T 18650—2008	国家标准	已发布
		地理标志产品 蒙山茶	GB/T 18665—2008	国家标准	已发布
		地理标志产品 武夷岩茶	GB/T 18745—2006	国家标准	已发布
		地理标志产品 杭白菊	GB/T 18862—2008	国家标准	已发布
		地理标志产品 烟台葡萄酒	GB/T 18966—2008	国家标准	已发布
		地理标志产品 龙口粉丝	GB/T 19048—2008	国家标准	已发布
		地理标志产品 昌黎葡萄酒	GB/T 19049—2008	国家标准	已发布
		地理标志产品 高邮咸鸭蛋	GB/T 19050—2008	国家标准	已发布
		地理标志产品 金华火腿	GB/T 19088—2008	国家标准	已发布
		地理标志产品 沙城葡萄酒	GB/T 19265—2008	国家标准	已发布
		地理标志产品 古井贡酒	GB/T 19327—2007	国家标准	已发布
		地理标志产品 口子窖酒	GB/T 19328—2007	国家标准	已发布

续表

体系编号（一级）	体系编号（二级）	标准名称	标准编号/计划编号	标准层级	编制状态*
2 产品标准	2B 加工食品 63	地理标志产品 道光廿五贡酒（锦州道光廿五贡酒）	GB/T 19329—2007	国家标准	已发布
		地理标志产品 饶河（东北黑蜂）蜂蜜、蜂王浆、蜂胶、蜂花粉	GB/T 19330—2008	国家标准	已发布
		地理标志产品 互助青稞酒	GB/T 19331—2007	国家标准	已发布
		地理标志产品 黄山毛峰茶	GB/T 19460—2008	国家标准	已发布
		地理标志产品 独流（老）醋	GB/T 19461—2008	国家标准	已发布
		地理标志产品 贺兰山东麓葡萄酒	GB/T 19504—2008	国家标准	已发布
		地理标志产品 西凤酒	GB/T 19508—2007	国家标准	已发布
		地理标志产品 吐鲁番葡萄干	GB/T 19586—2008	国家标准	已发布
		地理标志产品 安溪铁观音	GB/T 19598—2006	国家标准	已发布
		地理标志产品 狗牯脑茶	GB/T 19691—2008	国家标准	已发布
		地理标志产品 滁菊	GB/T 19692—2008	国家标准	已发布
		地理标志产品 平遥牛肉	GB/T 19694—2008	国家标准	已发布
		地理标志产品 太平猴魁茶	GB/T 19698—2008	国家标准	已发布
		地理标志产品 山西老陈醋	GB/T 19777—2013	国家标准	已发布
		地理标志产品 卢龙粉丝	GB/T 19852—2008	国家标准	已发布
		地理标志产品 涪陵榨菜	GB/T 19858—2005	国家标准	已发布
		地理标志产品 萧山萝卜干	GB/T 19907—2005	国家标准	已发布
		地理标志产品 剑南春酒	GB/T 19961—2005	国家标准	已发布
		地理标志产品 吉林长白山饮用天然矿泉水	GB/T 20349—2006	国家标准	已发布
		地理标志产品 安吉白茶	GB/T 20354—2006	国家标准	已发布
		地理标志产品 黄山贡菊	GB/T 20359—2006	国家标准	已发布
		地理标志产品 乌牛早茶	GB/T 20360—2006	国家标准	已发布
		地理标志产品 符离集烧鸡	GB/T 20558—2006	国家标准	已发布
		地理标志产品 郫县豆瓣	GB/T 20560—2006	国家标准	已发布
		地理标志产品 雨花茶	GB/T 20605—2006	国家标准	已发布
		地理标志产品 通化山葡萄酒	GB/T 20820—2007	国家标准	已发布
		地理标志产品 庐山云雾茶	GB/T 21003—2007	国家标准	已发布
		地理标志产品 玉泉酒	GB/T 21261—2007	国家标准	已发布
		地理标志产品 牛栏山二锅头酒	GB/T 21263—2007	国家标准	已发布
		地理标志产品 舍得白酒	GB/T 21820—2008	国家标准	已发布
		地理标志产品 严东关五加皮酒	GB/T 21821—2008	国家标准	已发布
		地理标志产品 沱牌白酒	GB/T 21822—2008	国家标准	已发布
		地理标志产品 国窖1573白酒	GB/T 22041—2008	国家标准	已发布
		地理标志产品 泸州老窖特曲酒	GB/T 22045—2008	国家标准	已发布

续表

体系编号（一级）	体系编号（二级）	标准名称	标准编号/计划编号	标准层级	编制状态*
2 产品标准		地理标志产品 洋河大曲酒	GB/T 22046—2008	国家标准	已发布
		地理标志产品 政和白茶	GB/T 22109—2008	国家标准	已发布
		地理标志产品 普洱茶	GB/T 22111—2008	国家标准	已发布
		地理标志产品 五粮液酒	GB/T 22211—2008	国家标准	已发布
		地理标志产品 景芝神酿酒	GB/T 22735—2008	国家标准	已发布
		地理标志产品 信阳毛尖茶	GB/T 22737—2008	国家标准	已发布
		地理标志产品 卢氏鸡	GB/T 23396—2009	国家标准	已发布
		地理标志产品 常山山茶油	GB/T 24569—2009	国家标准	已发布
		地理标志产品 坦洋工夫	GB/T 24710—2009	国家标准	已发布
		地理标志产品 崂山绿茶	GB/T 26530—2011	国家标准	已发布
		地理标志产品 永春老醋	GB/T 26531—2011	国家标准	已发布
		地理标志产品 酒鬼酒	GB/T 22736—2008	国家标准	已发布
	2C 中药材 17	地理标志产品 文山三七	GB/T 19086—2008	国家标准	已发布
		地理标志产品 吉林长白山人参	GB/T 19506—2009	国家标准	已发布
		地理标志产品 吉林长白山中国林蛙油	GB/T 19507—2008	国家标准	已发布
		地理标志产品 昭通天麻	GB/T 19776—2008	国家标准	已发布
		地理标志产品 怀地黄	GB/T 20350—2006	国家标准	已发布
		地理标志产品 怀山药	GB/T 20351—2006	国家标准	已发布
		地理标志产品 怀牛膝	GB/T 20352—2006	国家标准	已发布
		地理标志产品 怀菊花	GB/T 20353—2006	国家标准	已发布
		地理标志产品 石柱黄连	GB/T 20358—2006	国家标准	已发布
		地理标志产品 永春篾香	GB/T 21262—2007	国家标准	已发布
		地理标志产品 都江堰川芎	GB/T 21823—2008	国家标准	已发布
		地理标志产品 灵宝杜仲	GB/T 22742—2008	国家标准	已发布
		地理标志产品 卢氏连翘	GB/T 22743—2008	国家标准	已发布
		地理标志产品 济源冬凌草	GB/T 22744—2008	国家标准	已发布
		地理标志产品 方城丹参（裕丹参）	GB/T 22745—2008	国家标准	已发布
		地理标志产品 江油附子	GB/T 23399—2009	国家标准	已发布
		地理标志产品 涪城麦冬	GB/T 23400—2009	国家标准	已发布
	2D 传统工艺品 7	地理标志产品 宣纸	GB/T 18739—2008	国家标准	已发布
		地理标志产品 扬州漆器	GB/T 19959—2005	国家标准	已发布
		地理标志产品 云锦	GB/T 21930—2008	国家标准	已发布
		地理标志产品 德化白瓷	GB/T 21998—2008	国家标准	已发布
		地理标志产品 汝瓷	GB/T 23397—2009	国家标准	已发布
		地理标志产品 钧瓷	GB/T 23403—2009	国家标准	已发布
		地理标志产品 遂昌竹炭	GB/T 21819—2008	国家标准	已发布

附录14 2021年度地理标志行政保护典型案例

1. 广东省知识产权局与江西、湖北、湖南知识产权部门联动查处擅自使用"马坝油粘米"地理标志产品名称系列案

【案情简介】2004年9月,"马坝油粘米"获得国家地理标志产品保护,产品保护申请人为广东省原曲江县人民政府,保护范围为广东省原曲江县所辖行政区域。2021年4月,广东省韶关市曲江区市场监督管理局收到举报,称广东、江西、湖北、湖南等地多家企业涉嫌假冒使用"马坝油粘米"地理标志产品名称,在电商平台上销售。韶关市曲江区市场监督管理局将相关情况上报韶关市市场监督管理局,经初步核实,提请广东省知识产权局协调查证省内外线索。在国家知识产权局指导下,广东省知识产权局组织开展专题研究,商请网络监管部门固定电商平台相关侵权证据,协调开展跨区域地理标志行政保护。广东省知识产权局分别于5月31日、6月15日向广州市、佛山市和江西、湖北、湖南知识产权和市场监督管理部门移送电商平台案件线索23条,涉嫌违规生产市场主体11家。广州、佛山市场监督管理部门立即查办辖区内全部案件线索。江西、湖北、湖南等地省级知识产权局及时向当事人所在县(区)移交案件材料,指导案件查办。截至2021年底,广东、江西、湖北、湖南4省6地(市)10县(区)知识产权和市场监督管理部门认定相关当事人违反《中华人民共和国产品质量法》(以下简称《产品质量法》)第五条、《中华人民共和国食品安全法》(以下简称《食品安全法》)第七十一条、《中华人民共和国反不正当竞争法》(以下简称《反不正当竞争法》)第六条和《地理标志产品保护规定》第二十一条等规定,共立案10起。依据《产品质量法》第五十三条、《食品安全法》第一百二十五条、《反不正当竞争法》第十八条和《地理标志产品保护规定》第二十四条等规定,责令相关当事人立即改正违法行为,并没收违法产品172袋(箱、包),包装袋3336个,没收违法所得2.41万元,罚款14.85万元。

【专家点评】该案涉案企业多,涉案地域广,广东省知识产权局与江西、湖北、湖南等地知识产权和市场监督管理部门开展跨区域联合行动,积极移交违法线索,建立起互联互通的协同保护机制,提高了保护效能,充分体现了地理标志行政执法跨地区协作机制的优势,有力地维护了市场秩序、品牌声誉和消费者利益。与一般商标相比，地理标志除标示商品来源之外，还特别强调商品与特定地理名称之间存在的现实的客观联系，因此，获得地理标志产品保护的前提条件、授权逻辑和执法依据等都有所不同。执法机关在执法依据上，既选择了与该案争议直接相关的《食品安全法》和《地理标志产品保护规定》，又通过《产品质量法》和《反不正当竞争法》等规制商业行为，对地理标志进行兜底保护。这一思路，符合地理标志产品保护的实际情况，对未来我国地理标志保护模式的选择也具有一定的启发。（北京大学国际知识产权中心主任 易继明）

2. 浙江省三门县市场监督管理局查处侵犯"三门青蟹"证明商标专用权案

【案情简介】第 3897098 号""商标、第 8136757 号"三门青蟹"商标均为三门县青蟹产业发展服务中心在青蟹（活）商品上注册的证明商标，经续展，专用权期限分别至 2026 年 12 月 20 日、2030 年 10 月 20 日。2006 年 9 月，"三门青蟹"获得国家地理标志产品保护。2020 年 9 月 18 日，浙江省三门县市场监督管理局执法人员根据举报，对当事人章某的厢式货车及仓库进行检查，分别查获印有""、"三门青蟹"标识用于盛放青蟹的礼盒纸箱 625 个和 571 个。经查，当事人黄某于 2020 年 7 月擅自印制含上述标识的礼盒纸箱 5110 个，当事人章某从当事人黄某处购进礼盒纸箱 5104 个，合计 9760.4 元。当事人章某共售出礼盒纸箱 2908 个，合计 1.19 万元。

2021 年 4 月 9 日，三门县市场监督管理局认定章某违反《中华人民共和国商标法》（以下简称《商标法》）第五十七条第四项的规定，属于擅自制造、销售他人注册商标标识的违法行为，依据《商标法》第六十条第二款规定，对其作出没收涉案礼盒纸箱 1196 个、罚款 1 万元的行政处罚；同时，没收黄某涉案模具 1 副，并罚款人民币 1.5 万元。

【专家点评】该案涉案商品为包装材料，不直接涉及三门青蟹产品，属于擅自制造、销售他人注册商标标识的违法行为，案件的查办有效阻止了假冒三门青蟹产品进入市场，保护了三门青蟹的生产者和消费者利益。地理标志是特定地区的一种特定形式的知识产权和宝贵财富，加强地理标志保护除了保护生产者权益和消费者利益外，对于保护我国民族品牌，增强产品声誉，提高产品竞争力，促进乡村振兴等都具有重要的现实意义。（中国农业大学食品科学与营养工程学院教授 战吉成）

3. 湖北省洪湖市市场监督管理局查处侵犯"洪湖莲藕"证明商标专用权案

【案情简介】第 31756376 号"洪湖莲藕"商标为洪湖市水生蔬菜产业开发研究会在莲藕（加工过的）商品上注册的证明商标，专用权期限至 2029 年 12 月 27 日。2020 年 9 月，湖北省洪湖市市场监督管理局根据权利人投诉，对武汉市强鑫蔬菜产销专业合作社进行现场检查和调查。经查，当事人于 2020 年 3 月开始加工销售"洪湖莲藕"产品，两次通过武汉某包装公司印制带有与"洪湖莲藕"注册商标近似的商标和地理标志专用标志的标签共计 36.21 万份，其莲藕原料主要从仙桃市某农产品大市场莲藕散户采购，无法提供莲藕的真实来源以及相关原料进货及结算凭证。该产品经加工后通过冷链物流发送至上海某物联网公司在全国各分公司销售。截至 2020 年 10 月底，共销售加贴"洪湖莲藕"标签和地理标志专用标志的莲藕 35.62 万份，销售金额 277.25 万元。2021 年 1 月 22 日，洪湖市市场监督管理局认定当事人违反《商标法》第五十七条第二项规定，属于未经商标注册人的许可，在同一种商品上使用与其注册商标近似的商标，容易导致混淆的违法行为，依据《商标法》第六十条第二款规定，作出行政处罚，责令立即停止侵权行为，罚款 277.25 万元。

【专家点评】在我国，地理标志可以作为集体商标或证明商标获得注册和保护。该案通过商标行政执法为"洪湖莲藕"证明商标提供保护。按照《商标法》第五十七条第二项的规定，当事人未经商标注册人的许可，在同一种商品上使用与其注册商标近似的商标，容易导致混淆，构成对注册商标专用权的侵犯。该案可以看出，以地理标志作为证明商标注册的，对于近似标记是否构成对证明商标的侵权，也应采用混淆标准，根据消费者是否受到误导为依据，这与对其他类型商标的侵权判定是一样的。该案执法严格遵循了商标法规则适用的统一性和一致性，为以地理标志注册的证明商标提供了规范的商标保护。（山东大学法学院副教授　王笑冰）

4. 山东省烟台市市场监督管理局查处侵犯"BORDEAUX"集体商标专用权案

【案情简介】第 19564618 号"BORDEAUX"商标为波尔多葡萄酒行业联合委员会在葡萄酒商品上注册的集体商标，专用权期限至 2027 年 7 月 20 日。2015 年，"波尔多（Bordeaux）"在中国获得地理标志产品保护。2021 年 9 月 16 日，山东省烟台市市场监督管理局根据举报对烟台金沙岸葡萄酒有限公司进行现场检查，在成品库内发现该公司生产的十款产品中，公爵大酒窖干红葡萄酒（750ml/瓶）、公爵大酒窖干红葡萄酒（1.5L/瓶）、公爵传奇干红葡萄酒三款产品标签标注有"BORDEAUX"字样。经查，当事人根据与功爵酒业（上海）有限公司签订的购销合同生产上述产品，涉案货值3.92万元，因暂未交货，无违法所得。2021年12月20日，烟台市市场监督管理局认定当事人生产标注"BORDEAUX"标识的葡萄酒的行为违反《商标法》第五十七条第一项规定，属于未经商标注册人的许可，在同一种商品上使用与其注册商标相同的商标的违法行为，依据《商标法》第六十条第二款规定作出行政处罚，责令当事人立即停止侵权行为，没收侵犯注册商标专用权的公爵大酒窖干红葡萄酒（750mL/瓶）60瓶、公爵大酒窖干红葡萄酒（1.5L/瓶）300瓶、公爵传奇干红葡萄酒468瓶，罚款5万元。

【专家点评】2021年3月1日，《中欧地理标志协定》正式生效，波尔多（Bordeaux）是第一批互认互保名录中的产品。该案当事人将"BORDEAUX"标识用于并非来自原产地的葡萄酒上，侵犯了商标权人的商标专用权，违反《商标法》第五十七条第一款的规定，同时，也违反《地理标志产品保护规定》第二十一条，以及《国外地理标志产品保护办法》的相关规定。该案中，地方执法部门对地理标志"BORDEAUX"予以行政保护的实践，有效地保护了地理标志权利人的权利和相关公众的利益，也证明了在华保护的国外地理标志与中国地理标志享受同等保护，体现了中国履行有关国际条约规定的地理标志高水平保护义务。（中国政法大学民商经济法学院讲师 王晓艳）

附录15 第一批地理标志保护产品专用标志使用核准改革试点典型经验做法

1. 河北省探索建立"三个一"工作模式，完善地理标志专用标志使用核准审查统筹协调机制和标准流程

一是形成一个统筹协调机制。在做好专用标志申请审核工作的基础上，以河北省知识产权局地理标志保护产品专用标志核准改革工作领导小组办公室为依托，统筹协调地理标志专用标志申请电子化、地理标志质量抽检、地理标志运用促进、地理标志宣传等各项相关工作，以地理标志专用标志试点改革为抓手，推动地理标志各项工作有机结合，共同开展。

二是汇总一张审查意见表单。为保障材料审查工作的准确性和高效性，将汇总表、申请书、核验报告、检测报告等各项申请材料的审查要点汇总集中，形成一张审查意见表单，审查人员对照表格判定申请材料是否合格，各项要求全部合格则审查通过。各项材料合格与否、不合格之处在表格中简单明确易识，提高了审查工作的准确度，方便经验不足的审查人员快速上手。

三是建立一套审查标准流程。依托省、市、县三级知识产权管理机构，充分发挥市、县积极性，将市级知识产权管理部门引入地理标志工作体系，建立了县局现场监管执法、市局辅导初审推荐、省局审核批准的一套标准化申请审核流程。加强对市、县地理标志管理部门的指导和培训，要求各地安排专人负责用标申请审查，统一审查口径，保持审查标准一致性。

2. 黑龙江省全面实施"双随机、一公开"监管，加强地理标志专用标志使用抽查检查

在选择抽查方式方面有突破。与黑龙江省市场监督管理局积极协调，创新工作举措，借用市场监管部门抽查清单中"集体商标、证明商标（含地理标志）使用行为的检查"抽查检查事项，利用黑龙江省事中事后监管系统随机抽取确定检查对象、检查人员，派发检查任务，录入检查结果，确保抽查检查工作公平公正。

在确定抽查比例方面有创新。在确定抽查比例时，结合工作实际，将专用标志使用企业平均抽查比例确定为10%，同时充分利用事中事后监管系统有关抽取规则，对每个地理标志管理部门单独设定抽查比例，且最少抽取1户，实现了已

使用地理标志抽查检查的地区全覆盖。

在设定检查事项方面有重点。在确定检查事项时，除按照《地理标志专用标志使用管理办法（试行）》规定对企业是否按照相关使用管理规则组织生产地理标志产品、是否规范标示地理标志专用标志等进行检查外，还重点增加了是否已在 2021 年 1 月 1 日后生产加工的地理标志产品包装上停止使用旧版专用标志、是否按照要求报送了 2020 年度地理标志专用标志使用相关情况等检查事项，进一步督促专用标志使用企业履行专用标志使用义务，规范专用标志使用行为。

在公开检查结果方面有成效。一是检查人员将检查结果录入黑龙江省事中事后监管系统后直接与相关企业信息关联，在企业信用信息公示系统直接公开；二是省知识产权局汇总检查结果并提出处理意见，在省知识产权局官网向社会公开。

3. 黑龙江省切实加强地理标志专用标志重点监管，强化重要时段、重要区域和重要产品的地理标志保护

突出"一三五"，即突出一个重要时段，结合黑龙江省地理标志产品种类，以在 9 月底至 11 月底地理标志产品集中大量上市的时间段开展专项行动；突出三个重要区域，组织各地市场监督管理部门对辖区内大型商超、农贸市场、专卖店等重点区域进行排查；突出五类重要产品，以粮油、蔬菜、畜禽、瓜果、水产品等省内外高知名度地理标志产品为保护重点，规范地理标志专用标志使用行为，严厉打击地理标志领域违法行为。

据初步统计，在 2021 年秋季地理标志保护专项行动中，全省共检查各类主体 416 户次，立案 10 件，已结案 4 件，罚没款 2.4 万元。其中，哈尔滨市市场监管局依法查处了省局交办的 1 件违法使用与原质检总局地理标志保护产品专用标志近似标志的案件，罚款 1.8 万元；齐齐哈尔市、大庆市市场监管部门依法对未经许可擅自使用地理标志专用标志行为进行了立案调查；伊春市知识产权局结合本地实际将秋季地理标志保护专项行动与粮食生产经营专项整治行动相结合，组织开展了打击侵犯"五常大米"地理标志专项行动，抽调相关业务科室组成办案小组，检查超市 6 家，粮油店 35 家，发现案件线索 6 条，其中立案 5 件，线索移送五常市市场监管局 1 件。

4. 江苏省构建地理标志专用标志申请审核新机制，突显申请便民、要求精简、核准高效和程序规范

围绕试点工作要求，以创新为己任，突出"便、简、快、规"，打造试点工作江苏"极速版"和"极简版"。一是坚持"便"字为先，申请更便民。根据不同申请人的多样化需求，设置在线提交和窗口报送两种申请方式，申请人可自由选择；在线报送可实现全流程不见面审批，契合了"让百姓少跑路，数据多跑腿"的"放管服"要求，极大地方便了申请人。所有申请均为网上提交、在线申请，实现100%全流程不见面审批。二是坚持"简"字为基，要求更精简。以"申请简化、审核简化、流程简化"为目标，将申请材料件数压缩至4件，申请环节压缩至2个，申请人只需要提交必要材料，其他可以通过查询掌握的信息由数据库自动匹配获取；去除专家审核论证环节，省局受理申请材料后，在线审核材料的完整性和准确性，5个工作日内即可得出结论。三是坚持"快"字为重，核准更高效。优化申请审核方式，大胆废除原有县、市、省逐级上报审批模式，改为省直窗口直报，实现申请材料一键式提交、受理审核一站式服务，用标申请审核时间缩短至两周左右。四是坚持"规"字为本，程序更规范。注重边试点边完善，通过下发通知、制定流程规范，明确申请受理的条件、审核批准的流程、专用标志的使用、保护与监督方式等，形成了全流程、体系化的制度规范。此外，建立产品（服务）标准自我声明公开和监督制度，引导企业主动公开产品（服务）标准信息，自觉接受社会监督，以过硬质量标准引领推动试点工作有序开展。

5. 江苏省打造地理标志品牌保护新模式，强化"苏地优品"品牌保护，加强标准质量管理，促进地理标志产品品质提升

持续放大试点工作效应，加强标准质量管理，规范标准管理流程，强化"苏地优品"品牌保护。一是加强质量管控。以试点工作为契机，不断完善质量管理体系，推动相关行业协会和企业与检验检测机构建立合作关系，加强产品质量管控和流程规范。完善地理标志产品原料获取、生产加工、市场销售全流程电子化管理机制，推进二维码、防伪标签等质量追溯信息化手段应用。推动南京市、苏州市知识产权局制作发放43.4万枚新版地理标志专用标志，并开展地理标志产品追溯查询服务，受到了企业好评。二是加强标准管理。指导镇江香醋、盱眙龙虾加强标准化管理，推动阳山水蜜桃、吴中大米、黄桥烧饼等产品制定地理标志标准14项，指导协会牵头制定团体标准11项，用高标准引领地理标志产品质量提升。建立产品（服务）标准自我声明公开和监督制度，引导企业主动公开产品（服务）

标准信息，自觉接受社会监督，增强企业自律管理。三是加强品牌保护。运用互联网大数据和电子商务手段，创新宣传推介方式，开展"苏地优品"地理标志品牌产品直播推介系列活动，提高地理标志产品知名度，推动1251家单位使用地理标志专用标志，专用标志使用效率显著提升。

6. 江苏省探索地理标志维权保护新路径，加强跨区域、跨部门执法合作，加大重点领域监测预警和执法力度，开展重点领域保护

以试点工作为契机，加强跨区域、跨部门执法合作，加大重点领域监测预警和执法力度，营造地理标志良好发展环境。一是建立执法协作机制。推动建立健全长三角、淮河生态经济带等跨区域地理标志保护协作机制，形成信息互联、资源互通、区域互助、优势互补的工作格局。加强与公安、法院、农业农村、商务等部门的工作联动，在职责衔接、公益诉讼、行业自律等方面形成监管合力。发挥市场监管体制优势，在食品安全、价格、广告、计量、网络监管、知识产权保护等领域强化信息共享，提高联合办案效果。二是加大执法检查力度。推动将企业地理标志使用行为纳入"双随机、一公开"抽查计划，定期对主要农产品批发市场、大型超市中涉及地理标志的商品进行检查抽查。加强对地理标志使用情况的监控，严厉打击地理标志商标侵权、不规范使用地理标志专用标志等行为，形成从严执法的高压态势。累计开展地理标志使用情况抽查检查60余次，抽查合法使用人1300余家，各类场所120余个，查处案件77件。三是开展重点领域保护。加强对电商平台、物流、仓储等产品流通重点环节的监管，指导全省各级知识产权局建立电子商务企业及电商平台日常监管工作机制，加大网络侵权假冒行为查处力度，深挖生产源头，切断流通链条，实施线上线下协同治理。南京市建成并试运行"南京地理标志产品追溯平台"，强化地理标志统一管理和溯源监控。苏州市吴中区市场监管局按照省市部署要求，结合实际印发《"洞庭山碧螺春"品牌保护告知书》，专程赴淘宝、京东等电商平台沟通对接，规范网络销售行为，净化经营市场环境。

7. 安徽省重视活动宣传、媒体宣传、"六进"宣传和专栏宣传，引领地理标志保护产品专用标志使用核准改革试点宣传工作走深走实

为使改革试点工作尽快深入人心、加速转化为工作成果和经济效益，安徽省市场监督管理局（知识产权局）（以下简称安徽省局）注重加大宣传推广力度，取得了良好效果。

一是活动宣传。2020年4月,安徽省局利用春茶上市,部分企业申请使用茶叶地理标志产品专用标志之机,与黄山市市场监督管理局(知识产权局)联袂打造了"2020年第十四届太平猴魁茶文化节和安徽省地理标志保护产品专用标志使用核准改革启动仪式",5家企业获批成为安徽省首批使用新的专用标志企业,中央电视台、新华社、安徽电视台及中国网直播等数十家媒体,采取现场直播等方式,报道了此次活动盛况,为改革试点工作良好开局吹响了号角。

二是媒体宣传。利用《安徽省地理标志保护产品专用标志使用管理办法(试行)》出台之机,先后两次开展了改革试点工作集中宣传,《中国知识产权报》《中国质量报》、"学习强国"平台、人民网、凤凰网等20余家媒体通稿进行了报道。依托"知识产权助力脱贫攻坚""知识产权竞争未来"主题采访活动,20余家中央和地方主流媒体大力宣传地理标志兴农、专用标志富农,营造了安徽省改革试点工作与精准扶贫、乡村振兴战略"双赢""双促进"的良好氛围。

三是"六进"宣传。为推动改革试点工作在末端的落实,安徽省局采取改革试点宣讲进党校、进机关、进乡镇、进企业、进田头、进农户"六进"活动。两年来,安徽省局先后派出35批次人员,深入基层一线宣传改革试点工作的意义作用和推进的方法途径,共开展业务宣讲13次、工作咨询46次、技术服务12次,受众达3000余人次,为改革试点工作走深走实奠定了坚实基础。

四是专栏宣传。在安徽省局官网开设"地理标志"专栏,编制了地理标志产品、商标及用标企业信息数据库,及时公告公示专用标志核准使用及换标情况,方便社会各界查询调用,初步实现了"互联网+地理标志监管",扩大了改革试点工作影响。开通安徽省地理标志QQ工作平台,及时为县市局下发改革试点相关业务知识、图片视频、工作指南等信息,及时解决改革试点中遇到的困难和问题。

两年来,安徽省局共核准181家企业使用专用标志,涉及33个地理标志产品,备案率及通过率(含经补正通过)高,全省地理标志产品用标企业达668家,使用新标率达100%,圆满完成了改革试点任务。

8. 安徽省扎实开展地理标志保护专项行动,做到春茶保护精准打击、秋季行动全力出击、知名产品升级阻击,推进专用标志改革监管工作落实见效

为确保地理标志产品质量、声誉和经济效益,安徽省局连续数年扎实开展地理标志保护专项行动,改革试点成果得到充分显现。

一是春茶保护精准打击。针对安徽茶叶大省实际,从 2020 年开始,安徽省局即着手建立春茶地理标志保护名录,39 个茶叶品种、779 家用标企业纳入保护范围。2021 年 4 月,在习近平总书记视察安徽金寨大湾村五周年和第二十一个世界知识产权日之际,安徽省局与六安市市场监督管理局(知识产权局)在该地联合举行了安徽春茶地标保护·茶产业质量提升宣传周(六安)启动仪式,确保春茶产品始终处于严密的保护体系之中。

二是秋季行动全力出击。近两年每至秋季,适逢粮油、水产、瓜果、蔬菜、畜禽、茶叶、中药材等地理标志产品上市之时,安徽省局都紧紧围绕查处擅自使用或伪造地理标志名称及专用标志行为;查处使用与专用标志相近、易产生误解的名称或标示等"六个重点问题",开展秋季地理标志保护专项行动,严查侵权假冒行为,曝光相关典型案例,地理标志及专用标志监管得到较好落实。

三是知名产品升级阻击。针对霍山石斛、古井贡酒、六安瓜片、太平猴魁茶等地理标志知名产品易被侵权假冒问题,安徽省局在专题调研基础上,试点推行了地理标志产品专用标志保护溯源管理系统,加强了对生产地、销售地、流通地的闭环管理,为地理标志知名产品保护提供了有力支撑。

两年来,安徽省局通过春茶、秋季地理标志保护专项行动,共查处假冒地理标志专用标志及商标的案件 46 起,罚没金额及物品价值 48.6 万元。相关做法被《中国市场监管报》《中国知识产权报》、"学习强国"平台、人民网、新浪网等 10 多家新闻媒体通稿宣传。

9. 福建省健全工作体系,推动地理标志标准的制修订工作,完善检测机构,提高检测能力,推动提高地理标志专用标志使用覆盖率

试点期间,福建省共核准公告 16 批次 642 家企业使用专用标志,截至 2021 年底,全省共 1821 家企业核准使用地标专用标志,数量位居全国首位。为不断扩大地理标志专用标志的使用覆盖面,福建省在推动地理标志商标企业通过制修订系列标准,提高检测能力,规范生产流程上苦练内功,推动更多的市场主体使用地理标志专用标志,充分释放改革红利。

福建省制定发布了《地理标志产品 茶口粉干》《地理标志产品 连江海带》等地方标准。新制定 39 件地理标志商标产品团体标准。修订《地理标志产品 政和白茶》国家标准、《地理标志产品 平潭水仙花》等标准。漳州市将 2021 年确定为"漳州市地理标志标准建设年",全市全年新发布实施地理标志产品团体标准 19 项。安溪县完善 2 个国家级茶叶检测机构(国家茶叶质量监督检验中心、国家茶叶检测重点实验室)、2 个国字号科技平台(泉州国家农业科技园区、国家茶叶质量安全工程技术研究中心)、1 个茶树良种繁育基地的建设。福鼎市茶业协会联合宁德市市场监督管理局开展"标准入企"活动,定期开展生产过程合规性检查。武夷山制作武夷岩茶国家标准样品,制定了《武夷岩茶产品质量安全警示制度》。

10. 广东省建立"四个一"地理标志专用标志使用核准技术审查制度,形成审查工作制度,制定审查工作流程,组建审查专家团队,建设线上申请核准系统

公正、客观、精准、高效评价专用标志申请材料,是核准使用专用标志工作的重点。广东省坚决贯彻落实国家知识产权局改革试点工作要求,坚持问题导向,聚焦关键环节,推动改革创新,严控审查质量,在全国率先建立"四个一"地理标志产品专用标志使用核准技术审查制度。

一是建立一套严谨规范的技术审查工作制度。组织制定《广东省地理标志产品专用标志使用申请技术审查工作制度》和《广东省地理标志专家库管理办法(试行)》,对技术审查的形式、主要内容、审查程序、评审会专家组成和地理标志专家库人员的遴选与管理等方面做出了明确规定。严格按照"专业领域 + 标准化 + 质量检验 + 知识产权 + 人文地理"组成技术审查会专家评审组,严格把控质量。工作制度和管理办法的出台为高质量推动地理标志专用标志使用核准改革试点工作提供了制度保障。

二是制定一套行之有效的技术审查工作流程。建立技术审查会议制度。召开审查会议明确评审规则、总体要求和工作程序。专家评审组独立开展技术审查工作,全面审查申请资料完整性,重点审查检验检测机构资质、产品检验依据、产品特色指标值及结论。全程录音录像,保证技术审查公平公正。

三是组建一支门类齐全的技术审查专家团队。面向全国遴选知识产权、标准化、质量检验以及中药材、种植业、养殖业、食品加工、工艺品加工、人文地理、农业农村等覆盖地理标志产品各个领域的 511 名地理标志专家,组建"广东省地理标志专家库",为高效开展技术审查提供专业支撑。

四是建设一套便捷利民的线上申请核准系统。建设广东省地理标志专用标志使用申请核准系统，从工作流程上打通申请—初审—形式审查—技术审查—公示—公告全电子化工作链条，实现核准进度全程可视化，及时反馈技术审查结果，提高了审查效率，降低了申请成本。

试点期间，共召开技术审查会 9 次，审查 36 种地理标志产品 329 份专用标志使用申请材料，共发现 59 份申请材料不符合使用专用标志要求，严格把好了审查质量关。

11. 广东省建立行政机关与保护中心的协同联动工作机制，审查业务、宣传培训、推进地理标志专用标志使用协同联动

根据国家知识产权局试点改革"放管并重原则"和探索建立专用标志核准工作体系要求，广东省立足本省实际，创新工作模式，推动省知识产权局（以下简称省局）统筹协调职能与省知识产权保护中心专业支撑优势有机结合，探索建立行政机关与保护中心"1+3"协同联动工作机制，即建立一个统一的改革试点领导机构，在审查业务、宣传培训和推进用标等专用标志核准使用重点领域开展协同联动。

"1"个统一的改革试点领导机构：省局成立"广东省地理标志产品专用标志使用核准改革试点领导小组"，吸纳省知识产权保护中心有关业务部门负责人参加，对试点工作实行统一领导。省局组织制定《全省地理标志产品专用标志使用核准试点改革方案和实施计划》，明确省知识产权保护中心组织承担技术审查等工作。

"3"个重点领域开展协同联动：

审查业务协同联动。省局将专用标志试点改革纳入年度工作重点，指导省知识产权保护中心开展技术审查、建立信息台账和档案。省知识产权保护中心在组织技术审查前报送技术审查计划、技术审查中视情适时报告进展、审查后及时报送审查结果。

宣传培训协同联动。省局联合省知识产权保护中心共同举办地理标志培训，宣讲《地理标志专用标志使用管理办法（试行）》和专用标志使用监管政策制度，开展地理标志专用标志申请使用核准流程、技术审查要点等业务培训。开展常态化专用标志使用申请咨询服务工作。

推进用标协同联动。省局组织制定专用标志使用推进计划和加强地理标志保护助力脱贫攻坚项目。省知识产权保护中心通过承接项目主动参与，积极动员符合专用标志使用条件的生产企业申请使用专用标志，大力推进专用标志使用。改革试点期间累计有 329 家生产企业申请使用专用标志，16 种地理标志产品实现用标企业零的突破。

12. 海南省大幅度精简地理标志专用标志使用申报材料，缩短审核时限至全国最短

一是进一步压缩审核时限。改革试点工作开始后，海南省知识产权局迅速印发了《海南省地理标志保护产品专用标志使用核准工作规范》，明确了市县-省局两级核准制度，审核时限平均不到 5 个工作日，大大缩短了市场主体等待时间。2021 年 4 月对该《工作规范》进行了修订，进一步明确将审核时限压缩为 1 个工作日，此时限为全国最短。

二是进一步精简申报材料。如申请人无须提供市县政府或主管部门出具的产地范围证明，仅在市县知识产权管理部门核验报告中说明即可；申请人无须提供主体资格证明，直接由初审部门通过系统查询即可；市县局无须提供申请用标市场主体名单使用专用标志生产者汇总表（盖章）等，进一步提高了便利化程度。

三是优化市县知识产权管理部门请示件模板和省知识产权局核准公告模板。市县请示件模板表述更简洁、清晰；省知识产权局核准公告模板更科学合理，且明确了市县知识产权部门承担的具体职责。

13. 海南省大幅度提升地理标志专用标志使用核准工作信息化管理水平，实现全程网上办理

一是 2021 年 6 月，海南省知识产权局就地理标志保护产品专用标志使用核准业务设计了"地理标志专用标志申报"网上系统，并将其纳入既有的"海南省知识产权综合服务平台"，实现地理标志专用标志使用申报全程网办。这在全国属创新工作，既进一步方便了市场主体申请用标，又有利于知识产权管理部门快速核准。市场主体无须定点提交纸质材料，只需"坐在家中"通过互联网轻松提交申请材料，再由市县局和省局通过网络进行审批，进一步提高了政务服务便民利民水平。

二是实现"地理标志专用标志申报"网上系统与省一体化政务服务平台的互联互通，通过实时传输数据，不断完善办事指南，实现用标企业信息及业务办理

情况的实时查询，为各市县建立专用标志管理台账，开展专用标志使用监管提供了数据平台。

14. 四川省探索形成"123 审查工作经验"，核准工作"1"个办公室负责、材料审查"2"人负责、审核事项"3"级负责

"1"即一个办公室负责制。将四川省知识产权局改革试点工作领导小组办公室设在具有负责地理标志相关工作职能职责的商标监管处，避免多头指挥、信息传达不畅影响改革试点工作。同时将地理标志高质量发展工作与改革试点工作有机结合和融合，以专用标志核准工作带动地理标志产品、产业链、示范区和专用标志监管等方面的共同推进。

"2"即材料审查两人负责制。为保障材料审查工作的延续性和高效性，办公室安排有多年地理标志相关工作经验的 2 名同志负责申请材料审查工作，指定 2 人互为 AB 角，加强审查人员的业务培训，做到统一认识、统一标准。在工作中强化主动服务意识，提倡"换位思考"，站在申请人角度，急企业所急，特殊办件采取专人专办、从快审核的方式，力争在承担事务性工作的同时不遗漏每一件材料接收、审核等工作，依法依规完成了企业用标审查工作。

"3"即审核事项三级负责制。建立由产地市场监管部门初核+成员单位核查+办公室审核的审查负责制。首先，产地市场监管部门负责对申请人的申请资格、是否生产地理标志产品等方面进行初核；然后，各成员单位依据自身职责从企业登记注册内容是否一致、所用标准是否有效并备案、是否被行政处罚、提供检测报告的机构是否具备 CMA 资质等内容再次进行核查；最后，由领导小组办公室从申请材料完整性、规范性、合格性、成员单位反馈意见等方面汇总，形成最终审查报告，报领导小组组长审批，完成所有后续相关工作。三级负责制大大提高了申请使用核准质量。

15. 四川省开展地理标志专用标志"双随机、一公开"检查、专项抽查和地理标志网络侵权监测，切实强化地理标志专用标志监管

新版地理标志专用标志正式公告使用以来，加强对专用标志合法使用人进行规范使用的指导和监管一直是四川省知识产权局的工作重点。四川省知识产权局（以下简称四川省局）充分运用 QQ、微信等新媒体建立工作群，及时解答基层对申请专用标志的疑问、宣传使用专用标志的意义、传达国家和省级层面地理标志相关文件，提升基层地理标志业务工作能力。

2021年，四川省局提前谋划对专用标志的监管，率先主动将专用标志的使用情况纳入"双随机、一公开"检查，下发检查工作通知，构建"地理标志专用标志使用行为检查工作指引"，明确检查事项，细化"检查市场主体是否为核准使用地理标志专用标志的合法使用人，检查合法使用人是否使用地理标志专用标志，检查合法使用人使用的地理标志专用标志是否为核准下发的专用标志"等11项检查要点并设定工作表格，逐条梳理检查依据，提出工作要求。在全省1028家核准使用地理标志专用标志的企业中，按"双随机、一公开"检查最高30%的比例，共抽取308户开展检查。通过"双随机、一公开"检查，强化了合法使用人规范使用专用标志意识，同时"以点带面"了解各地专用标志使用、监管等情况，为下一步开展工作提供了基础。

持续开展地理标志产品年度专项质量抽检工作，并力争对全省296件地理标志产品做到三年一轮回的专项质量抽检，全面掌握地标产品现行标准、现有产品特色质量等情况。对不合格的产品严格落实监督抽查后处理，暂停专用标志使用，责令整改，经整改、检测符合要求的，才可继续使用专用标志，从而确保地理标志产品的特殊品质。2019—2021年，四川省局共投入预算经费近80万元，对全省165个产品400批次开展检测，对不符合要求的2个产品10批次责令各市州按照监督抽查后处理要求进行了调查处理，对不合格原因进行了分析整改，提升了地理标志产品品质和质量。

针对网络侵权查处难的问题，四川省局创新工作方式，加强地理标志和专用标志的监管，结合"双11"等重点时段，在主流电商平台和省内部分电商平台上探索开展商标和地理标志网络侵权监测，监测到侵权和违规使用地理标志有效线索30条，涉及7市州的10个市场主体，已立案查处2件，对2个市场主体责令整改。

16. 贵州省建立健全试点工作制度体系，试点工作"有章可循""有书可证""有路可退"

一是制定试点基本制度，使试点工作"有章可循"。制定《贵州省市场监管局地理标志保护产品专用标志使用核准改革试点工作办法》，经贵州省司法厅合法性审查，2020年6月以规范性文件形式出台。明确了专用标志使用申请以及变更核准流程，规定了省、市、县三级市场监管（知识产权）部门的办理事权和办理时限，压缩了实地核查和资料审查周期，并对专用标志的使用和监管作出了规定。从受理到核准公告，流程清晰、时限明确，省、市、县三级协同推进，使试点工作规范化、制度化。

二是制定试点工作文书，使试点工作"有书可证"。出台了《贵州省地理标志保护产品专用标志使用核准改革试点文书格式范本》，制定了"申请文书""变更文书""撤销文书""备案文书""审批文书"等四大类16种文书。按照"边实践、边总结、边完善"的工作思路，2021年12月，贵州省知识产权局（以下简称贵州省局）对试点文书进行了修改完善，修订了变更申请书，增加了"注销申请书"，进一步夯实试点工作基础。试点工作规范化，使试点工作稳步推进，到2021年底，共核准128家企业用标，专用标志使用覆盖率由试点前的34.2%提高到55.9%。白果贡米、花秋土鸡、玉屏茶油等14种地理标志产品实现用标企业"零的突破"。

三是完善注销程序，使试点工作"有路可退"。在"换标"工作以及日常监管中，发现部分用标企业已不具备用标条件，如果没有退出机制，不仅造成资源浪费，还会影响地理标志产品的质量和信誉。贵州省局在2021年底完善了注销程序，新增加"注销申请书"。两种途径可启动注销程序。其一是企业停业或注销，主动申请注销用标资格；其二是企业存在严重违法行为或停产后找不到联系人等，由企业所在地县级市场监管部门提出注销申请。包括但不限于以下几种情况可启动注销程序：未按相应标准和管理规范组织生产的；两年内未使用专用标志的；存在制假售假等重大违法行为的；产品连续三年抽检不合格的；企业已经注销或被吊销的；提交虚假材料取得登记的；其他不具备生产条件的情形。试点工作期间，共注销7家企业专用标志使用资格。对连续两年抽检不合格的一家用标企业启动注销程序。

17. 贵州省探索搭建地理标志专用标志使用核准网上申报平台，推进试点核准工作便利化

一是实现用标工作全流程网上流转。为推进试点工作便利化，贵州省局于2021年开始探索开发网上申报平台，通过不断修改完善和试运行后，"贵州省地理标志保护产品专用标志核准使用平台"于 2021 年 1 月 1 日正式上线运行，申请人可通过电脑或手机提交申请材料。系统运行之初先开发"申请"模块，实行"线上申请、线下核准"的模式。网上审查通过后，需要市级提供全套纸质申请材料再走审批盖章程序。"边开发、边使用、边完善"，2021 年下半年，省、市、县三级全部启用电子印章，使网上审批成为可能。为使所有流程和资料全部网上流转，又完善手机端审核流程，现场核查时，工作人员通过手机进入申报系统上传现场图片及资料，系统自动生成核查证明。又陆续增加"变更、注销"模块，逐步实现申报、审批全程网上流转。原线下纸质材料审核需 30 日，现全程网上审核仅需 7 天。极大压缩了核准时间，提高了工作效率，更好更快地为用标企业提供高效便捷的服务。

二是合理利用已有资源，实现信息互联互通。在用标系统开发过程中，为把有限的工作经费花在刀刃上，一方面，对内利用原有的"贵州市场监管综合业务管理系统"，新增"地标审核"栏目，由此进入进行内部审核。基础数据和基本情况录入后，相关文书可自动生成，避免反复、多次录入，减少工作量。另一方面，将申报系统与"企业信用信息公示系统"连通，申请人的企业注册登记、变更信息可自动导入到申报平台，申请人填写申请书时只需输入统一社会信用代码，企业基本信息可自动带入，极大方便了申请人。核准公告后，公告信息自动导入公开，同时记于企业名下，方便群众查阅。如地理标志使用资格发生变更、注销等，以及用标企业受到行政处罚，相关信息也可同时关联到"企业信用信息公示系统"。避免了新开发的申报平台成为"信息孤岛"。

18. 贵州省实施"双随机、一公开"监管和信用监管，保证地理标志特色质量，让地理标志真正"亮"起来

一方面，建立和完善地理标志产品专项抽查制度。试点工作开展以来，坚持地理标志产品专项抽查制度。每年组织 1 次专项抽查，制定年度抽查计划，抽取地理标志产品和用标企业，对产品质量进行抽样检测，以保证地理标志产品质量特色的符合性和一致性。试点工作以来，共对 14 类地理标志产品、81 家用标企业的产品进行抽查检验，并将抽查结果进行通报。对生产不合格产品的企业，依法查处。

另一方面，建立长效机制，实施信用监管。一是将地理标志专用标志监督检查列入"双随机、一公开"抽查事项清单，对地理标志产品的质量、包装、标识使用等进行抽查，抽查结果通过"双随机"系统公示，并在全系统进行通报。对抽查不合格的企业依法责令改正、予以处罚。二是用标企业核准、变更、注销以及处罚情况均通过"企业信用信息公示系统（贵州）"予以公示。2021年，对一家连续两年抽查不合格的企业予以处罚并责令其注销用标资格。2019年抽查40家企业仅有一家产品不合格，2020年抽查41家企业有5家不合格。绝大多数用标企业能保持地理标志质量特色。

下一步，将根据《国家知识产权局知识产权信用管理规定》，结合试点工作情况，进一步做好信用监管，对地理标志用标企业失信行为实施失信认定，对守信企业实施守信激励。

19. 云南省建立省、州（市）、县三级联动、分工负责的审核工作流程，落实专项工作经费

制度体系先行。为确保地理标志保护产品专用标志使用核准改革试点工作的顺利开展，云南省市场监督管理局高度重视该项工作，及时成立工作领导小组，加强组织领导，细化工作措施，把建立地理标志产品专用标志使用核准工作体系作为首要任务，通过研究讨论，制定印发了《云南省市场监管局关于推进地理标志保护产品专用标志使用核准改革试点工作方案》《云南省地理标志保护产品专用标志使用核准工作规程（试行）》等8个文件，建立了省、州（市）、县三级联动，分工负责的审核工作流程，优化申请文书，努力提高审核效率和服务质量。

落实经费保障。"兵马未动，粮草先行"，开展地理标志保护产品专用标志使用核准改革试点工作之初，云南省市场监督管理局制定专项资金项目预算，积极争取财政支持，通过强化宣传、指导、运用促进和保护等环节工作，全面促进试点工作的开展。进一步落实云南省地理标志保护产品专用标志使用核准工作经费（4.8万元）、地理标志运用促进经费（160万元）等经费，为试点工作提供保障，也进一步加强了地理标志保护产品专用标志使用核准改革试点的影响和效果。

20. 陕西省严控地理标志专用标志使用核准质量，不断优化核准机制，严格按照程序开展核准工作

对企服务，营造专用标志用标申请外松环境。一是省、市、县（区）三级联动，通过授课、座谈、走访等形式加强地理标志专用标志的重要性和申请流程宣贯，

让专用标志核准改革中申请便利和程序简化优势深入人心，为企业发放申请材料清单，让企业对所需材料一目了然，通过"填空"式对照提交，让企业减少畏难情绪。二是在省知识产权局规划协调处与陕西省地理标志发展促进中心开设专用标志核准受理窗口，分别接收由行政管理部门逐级报送和由企业直接提交的申报材料，多途径全面开展受理工作。三是为了鼓励企业申报，不打击企业用标积极性，窗口采取"容错纠正"方式，对企业提交的申报材料全盘接收，不推辞不拒绝，接收后窗口工作人员现场指导企业对不完备不正确的地方进行补正，有必要的出具补正意见，实现企业"只跑一次"。

对上负责，严格审核确保质量实现内紧要求。一是成立了由侯社教局长担任组长的陕西省地理标志保护产品专用标志使用核准改革领导小组，在规划协调处设小组办公室具体负责核准工作相关事宜。二是本着核准事项下沉审核标准不放松的原则，严格按照"企业申请—县区核验—市局抽查—窗口初审—技术审查—公告核准"程序开展核准工作。三是严把三道关，即县区知识产权部门对企业经营资质信誉、产品产地来源把关，专家技术审查会对检测报告、产品质量、申报要素把关，领导小组对公开公正、程序规范性把关。工作制度的落实大大提高了专用标志核准质量。

21. 陕西省开设地理标志专用标志受理窗口、完善检验检测体系、开发线上管理系统和服务平台

组织机构支撑：为进一步加强陕西省地理标志公共服务机构能力建设，保障专用标志核准改革试点工作顺利推进，在相关部门重视下在陕西省知识产权局积极争取下登记成立事业单位"陕西省地理标志发展促进中心"，现加挂在陕西省知识产权信息中心（原中国杨凌农业知识产权信息中心）。在中心设立了"地理标志产品专用标志使用申请受理窗口"（实体窗口）并设置2名专职人员负责，若干兼职人员配合，承担面向全省企业的专用标志使用核准对外受理及公共服务工作。

技术机构支撑：一是为提供地理标志专用标志核准工作在产品检测上的便利，推进地理标志产品专业检验检测机构全省布局，率先在宝鸡市批准建设陕西省地理标志产品检验检测（宝鸡）中心，通过建立标准库检测扩项完善专业地理标志产品检测中心，逐步探索建立专业地理标志产品检验检测网点。二是为充实地理标志专用标志核准工作技术支撑，征集了来自省内外质量、检验、标准、知识产权、农业、法律等领域的行业专家30人，建立了地理标志专家库，并在专用标志核准

试点实践中充分发挥出了专业人才的技术优势，为试点工作的顺利推进发挥出了智库作用。

信息平台支撑：试点期间开发上线了陕西国家地理标志专用标志核准管理系统、地理标志展示服务平台、地理标志溯源管理系统，并开展建设地理标志数据可视化系统项目，建设实现数据共享和互联互通，通过多个系统的逐步上线和完善，既提升了专用标志核准的便利性，又提高了对用标企业后期管理能力。

22. 陕西省充分利用活动载体多维度开展宣传，通过各类国际交流合作平台拓展海外市场，推动中国地理标志产品"走出去"

各大展会展示成果。在国家知识产权局指导下连续三年在中国杨凌农业高新科技成果博览会上举办"全国地理标志产品展"，开展"地理标志助力脱贫攻坚""地理标志促进乡村振兴"系列论坛，累计邀请全国各省市用标企业展出 275 个地理标志产品，既展示了陕西省地理标志的风采，也学习了外省的经验。在此同时，陕西省知识产权局积极组织地理标志专用标志用标企业在"中国品牌日"产品展、中国自主品牌博览会、中国国际商标品牌节、"一带一路"陕西特色商品专题展（福州）等具有影响力的展会中参展，让陕西的地理标志走出去。

媒体宣传扩大影响。两年来连续开展"地理标志三秦行"专题宣传活动，陕西省知识产权局与《中国知识产权》《陕西日报》《陕西农村报》等多家新闻媒体共同合作，由地理标志管理者和记者组成"既是宣传队，又是工作队"的采访小组，通过深入一线进行实地采访，宣传报道发生在核准试点期间的典型事例和成功经验，也在一次次深入基层采访期间向相关企业和农户讲解地理标志专用标志的申报、使用和管理知识。知识产权保护交易平台让企业见实效。陕西省知识产权局授予金口碑商城"陕西地理标志产品展示交易平台"并指导设立了陕西地理标志产品旗舰店，为用标企业打造销售服务平台，通过店内举办"专用标志使用管理规范座谈会"、"2021 春茶座谈会"、系列线上 B2C 专题营销等活动促成 10 余项大型采购订单。通过多种形式的促产促销，提升了陕西省地理标志知名度和市场竞争力，也更加激励了地理标志产品生产企业的用标积极性。